U0666339

劳动合同法理论
与大学生应用研究

胡越斐　著

中国原子能出版社

图书在版编目（CIP）数据

劳动合同法理论与大学生应用研究 / 胡越斐著. --
北京：中国原子能出版社，2023.11
　ISBN 978-7-5221-3181-8

　Ⅰ. ①劳…　Ⅱ. ①胡…　Ⅲ. ①大学生–劳动就业–劳
动合同法–研究–中国　Ⅳ. ①D922.524

　中国国家版本馆 CIP 数据核字（2023）第 253624 号

劳动合同法理论与大学生应用研究

出版发行	中国原子能出版社（北京市海淀区阜成路 43 号　100048）
责任编辑	杨　青
责任校对	冯莲凤
责任印制	赵　明
印　　刷	北京天恒嘉业印刷有限公司
经　　销	全国新华书店
开　　本	787 mm×1092 mm　1/16
印　　张	16.75
字　　数	265 千字
版　　次	2023 年 11 月第 1 版　2023 年 11 月第 1 次印刷
书　　号	ISBN 978-7-5221-3181-8　　　定　价　76.00 元

发行电话：010-68452845　　　　　　版权所有　侵权必究

前　　言

随着社会的不断进步和经济的不断发展，劳动力市场愈加复杂多变，劳动关系也愈加多样化。在这个背景下，劳动合同法起着调节和保护劳动者权益的重要作用。大学生作为劳动力市场的新生力量，他们的劳动权益保护、劳动合同法律意识和法律知识获取也日益受到人们的关注。

现代社会，全球化、技术进步和社会变革对劳动力市场产生了深刻的影响。工作方式的多样性、职业的多样性及用工关系的多样性使得劳动合同法的适用情况和理解变得更为复杂。全球化和数字化技术的崛起使得劳动力市场越来越国际性，这也带来了跨境劳动关系的新问题。同时，随着劳动力市场竞争的加剧，劳动者的权益需要得到更全面的保护。大学生作为即将踏入劳动力市场的新生力量，不仅需要具备相关的专业知识和职业技能，还需要了解劳动合同法，以确保他们在工作中的权益得到保护。此外，大学生也需要明白自己的法律责任，以避免潜在的法律风险。

本书旨在探讨劳动合同法的理论基础与实际应用，尤其关注大学生在劳动合同法领域的知识储备与技能培养，以更好地适应现代劳动市场的需要。通过深入研究劳动合同法的理论、探索劳动关系的本质，以及分析实际情况下的劳动合同法应用，本书希望为大学生、教育工作者、法律从业者提供有益的信息和参考。

由于笔者水平有限，书稿虽然经过反复修改，仍难免会存在疏漏之处，恳请广大读者批评、指正。

目　　录

第一章 劳动合同法的理论基础

第一节 劳动法的基本原理

一、劳动法的社会公正原则

劳动法的社会公正原则体现了在劳动关系中追求公平、平等和人权尊重的基本理念。这一原则旨在保护雇员的权益，确保在工作场所中建立公正的环境，平衡雇主和雇员之间的权利与义务。以下是劳动法中的一些社会公正原则。

1. 平等机会和平等待遇

① 平等机会：劳动法要求雇主在雇佣、晋升、培训等方面提供平等的机会，不得因性别、种族、宗教或其他因素而区别对待员工。

② 平等待遇：雇主在薪酬、福利和其他待遇上应该公平对待所有员工，确保没有不合理的差异。

2. 公正薪酬

① 劳动法规定了最低工资标准，以确保员工获得基本的经济保障。

② 劳动法提倡雇主与雇员进行公正的薪酬谈判，以反映员工的贡献和市场价值。

3. 合理工时和休息

① 设定最长工作时间和最少休息时间，以保护员工的身体和心理健康。

② 确保员工有权利享受法定的休息时间，防止过度劳累。

4. 安全与健康

① 雇主有责任提供安全、卫生的工作环境，采取必要的措施防范职业病和工伤。

② 员工有权要求雇主提供必要的安全培训，以降低工作风险。

5. 劳动合同的稳定性

① 确保劳动合同的公正解雇程序，防止任意解雇。

② 为员工提供解雇赔偿或其他社会保障，以减缓因解雇而可能引起的财务冲击。

6. 雇佣多元性

① 鼓励雇主创造多元化的工作环境，不因种族、性别、年龄等因素而歧视员工。

② 采取措施确保所有员工都有平等的机会获得职业发展。

7. 工会权利

① 承认和保护工会的权利，允许员工组织维护他们的共同利益。

② 保护雇员参与集体谈判和罢工的权利，以平衡雇员与雇主之间的力量关系。

劳动法的社会公正原则是建立在人权、平等和尊重的基础上的，旨在创造一个公正、平等、安全和有尊严的工作环境。这些原则的实施有助于维护雇员的权益，促进社会的和谐发展，构建可持续的劳动力市场。

二、劳动法的平等自由原则

劳动法的平等自由原则是该法律体系中的关键理念之一，旨在确保在劳动关系中实现平等和自由。这一原则强调了雇主和雇员之间的平等地位，以及在劳动市场上个体享有的自由权利。本节将深入探讨劳动法中的平等自由原则，分析其重要性、涉及的法规和对劳动关系的影响。

1. 平等自由原则的概念

平等自由原则是指雇主和雇员在劳动关系中应当享有相等的权利和自

由，不受歧视或不合理限制。这一原则反映了现代社会对平等机会和自由竞争的追求，旨在建立一个公正、开放的劳动力市场。在平等自由原则的框架下，雇主和雇员都有权利在劳动关系中平等地参与并受到公正对待。

2. 平等自由原则的法规基础

在不同国家的劳动法中，平等自由原则通常通过一系列法规和条款得以体现，这些法规涵盖了多个方面，包括但不限于以下四个方面。

① 雇佣机会平等：禁止雇主在雇佣过程中以性别、种族、宗教信仰等为由进行歧视，确保所有人在获取工作机会时都有平等的权利。

② 工资和福利平等：确保相同工作或同等价值的工作应得到相同的报酬，不因个体的性别、种族或其他特征而存在薪资差异。

③ 平等的晋升机会：雇员在职业生涯中应该有平等的晋升机会，而不应受到不合理的阻碍或歧视。

④ 禁止不正当解雇：保护雇员免受不公正解雇，确保解雇的程序合理、公正，并避免任何歧视性的解雇。

3. 平等自由原则的重要性

平等自由原则在劳动法中的重要性体现在多个方面，包括但不限于以下四个方面。

① 社会公正：通过确保雇主和雇员在劳动关系中享有平等的权利，劳动法有助于促进社会的公正和平等。

② 经济效率：平等自由原则有助于创建一个开放、竞争的劳动力市场，激发个体的潜力，推动经济的高效运行。

③ 员工士气：平等自由原则有助于提高员工的工作满意度和士气，因为员工在平等的环境中更有动力参与工作。

④ 法治社会：这一原则在法治社会中的实施有助于防止滥用权力、减少不公正对待，维护社会的秩序。

4. 挑战与反思

尽管平等自由原则在理论上是理想的，但在实际执行中仍然面临一些挑战。例如，某些行业可能存在性别歧视或其他不平等现象，劳动法需要与社会的发展同步，不断更新以应对新兴问题。此外，对平等自由原则的推动需要社会各界的共同努力，包括政府、企业和个体。

5. 成功实例与最佳实践

一些国家和企业通过采用特殊政策、培训计划和监管机制来成功实施平等自由原则。这些最佳实践包括但不限于以下三个方面。

① 平等机会培训：企业可以通过提供平等机会培训，使员工更好地理解和实践平等自由原则。

② 薪酬透明度：提倡薪酬透明度，公开展示相同职位的薪资范围，减少不合理的薪资差异。

③ 多元化招聘：通过采取多元化招聘策略，企业可以吸引和保留来自不同背景的人才，创造更加平等的工作环境。

在劳动法的框架下，平等自由原则是促进公平劳动关系的重要组成部分。通过法规的制定和社会的努力，可以推动一个更加平等和自由的劳动力市场形成，为个体提供公正的机会，促进社会的持续发展。在未来，随着社会的不断变化，劳动法需要不断调整和完善，以适应新的挑战和问题，确保平等自由原则的真正实现。

三、劳动法的保护原则

劳动法的保护原则是指劳动法体系中的一系列规定和原则，旨在保护雇员的权益和创造合理的劳动条件。这些原则旨在确保雇员在工作中得到公平对待，并确保他们在劳动市场上稳定的地位。以下是劳动法的一些保护原则。

1. 工资和工时保护

① 最低工资：劳动法规定了最低工资标准，确保雇员获得基本的生活水平。

② 工时限制：通过规定每周工作小时数和加班规定，保护雇员免受过度劳累的危害。

2. 工作安全与健康

① 工作场所安全：雇主有责任提供安全和健康的工作环境，采取措施预防工伤和职业病。

② 培训和信息：提供雇员必要的培训和信息，使其能够安全地履行工作职责。

3. 平等权利

① 禁止歧视：劳动法禁止雇主在雇佣、晋升、培训等方面因性别、种族、宗教信仰等因素而歧视雇员。

② 平等薪酬：确保相同工作或同等价值的工作应得到相同的薪酬，防止薪酬上的不合理差异。

4. 劳动合同和解雇保护

① 公正解雇：规定解雇程序，确保解雇是基于公正的原因，防止不正当解雇。

② 解雇赔偿：提供解雇赔偿或其他社会保障，减缓因解雇而可能引起的财务冲击。

5. 工会权利

① 集体谈判：保护工会的权利，允许工会与雇主进行集体谈判，达成合理的劳动协议。

② 罢工权利：保护雇员罢工的权利，使其能够通过集体行动争取更好的劳动条件。

6. 妇女和家庭权益

① 产假和育儿假：提供女性员工产假和育儿假，以保护她们在生育和照顾家庭时的权益。

② 禁止孕妇歧视：禁止因怀孕而歧视或解雇女性员工。

7. 言论自由和举报权

① 言论自由：保护员工在合理限度内表达对工作环境的看法的权利，使其不受报复。

② 举报权：鼓励雇员举报任何违反法规的行为，同时提供合适的保护措施，以防止举报者受到不公正对待。

8. 培训和职业发展

① 平等培训机会：提供平等的培训机会，使员工能够不断提升自己的技能，获得职业发展。

② 晋升机会：保障雇员有平等的晋升机会，不受歧视或不公正的阻碍。

这些保护原则旨在创建一个公平、安全和有尊严的工作环境，确保雇员能够在尊重和保护下履行他们的职责。这也有助于维持社会的平衡和公正，并促进经济和社会可持续发展。

第二节　劳动合同法的发展历程

一、劳动合同法的产生与演变

劳动合同法是一种法律体系，旨在规范雇佣关系，确保雇主和雇员之间的权利和义务得到公正平等的对待。劳动合同法的产生与演变是一个历史和社会发展的过程，涉及法律、经济、社会、劳工关系等多个方面。本节将追溯劳动合同法的起源、发展历程和主要变革，深入探讨其在不同社会背景下的演变。

（一）劳动合同法的起源

劳动合同法的起源可以追溯到 19 世纪末和 20 世纪初的工业革命和社会运动。以下是一些关键时刻和事件，它们有助于形成现代劳动合同法的基础。

① 工业革命：工业革命导致了大规模的工业化和城市化，工人的劳动条件恶劣，工作时间长、工资低，工伤和职业病高发，这引发了工人阶级的不满和抗议，激发了对劳动合同法的需求。

② 工会运动：工人开始组织工会，以争取更好的工资和工作条件，工会运动在 19 世纪末和 20 世纪初扮演了重要角色，促进了劳动法的发展，工

会谈判和集体谈判的兴起也影响了劳动合同法的发展。

③ 法律改革：随着工业化的不断加深和劳动问题的日益凸显，政府被迫采取行动，各国开始制定劳动法，以保护工人的权益。最早的劳动法通常涵盖了工时、工资、童工、工伤赔偿等方面的规定。

④ 国际劳工组织（ILO）：1919年成立的 ILO 是一个重要的国际组织，致力于制定国际劳动标准，提倡保护工人权益，它的存在在世界范围内推动了劳动法和劳动合同法的发展。

⑤ 战后时期：第二次世界大战后，很多国家都实施了社会政策和劳动法改革，以推动经济恢复和社会稳定，这些改革包括建立现代劳动合同法的框架，确保工人享有基本权益。

劳动合同法的具体规定和内容在不同国家之间有所不同，但它们的共同目标是保护工人的权益、确保公平的劳动条件、维护劳动市场的稳定，以及促使劳动力市场有序运作。这些法律也通常规定了雇主和雇员之间的权利和责任，包括工资支付、工作时间、解雇程序、工伤赔偿等方面的规定。

（二）早期的法律框架

早期的劳动法框架通常包含了一些基本原则和规定，旨在保护工人的权益。这些框架在不同国家有所不同，以下是一些常见的早期劳动法框架。

① 最低工资：早期的劳动法通常规定了最低工资标准，以确保工人获得基本的经济保障，这有助于防止雇主滥用工人、支付过低的工资。

② 工时限制：法律规定了每天、每周、每月的最大工作时间，以防止过度工作和工时滥用，这有助于保护工人的身体和心理健康。

③ 童工法规：早期的劳动法禁止或限制了儿童和青少年从事危险工作，规定了工作时间的限制，这是为了保护未成年工人的健康和教育。

④ 工伤和疾病赔偿：劳动法通常规定了工伤和职业疾病的赔偿机制，以确保受伤或患病的工人能够获得适当的赔偿和医疗保障。

⑤ 工会权利：早期的劳动法可能包括了对工会成立和工会谈判的保护。

这有助于工人组织协商工资、工作条件和其他权益。

⑥ 解雇程序：法律通常规定了雇主在解雇工人时必须遵循的程序和条件，以防止不公平解雇。

⑦ 安全和卫生规定：一些早期劳动法包括了关于工作场所安全和卫生的规定，以确保工人在工作中受到适当的保护。

这些早期法律框架为后来的劳动合同法和更全面的劳动法提供了基础。随着时间的推移，这些框架得到了扩展和改进，以适应不断变化的工作环境和社会需求。

（三）20 世纪初的发展

20 世纪初，劳动法和劳动合同法经历了进一步的发展和演进，以适应不断变化的社会和工业环境。以下是 20 世纪初期的一些关键发展。

① 社会改革运动：20 世纪初，社会改革运动在许多国家兴起，要求改善工人的劳动条件和权益。这些运动推动了立法改革，以保护工人的权益。

② 工会运动的增长：工会在 20 世纪初期迅速增长，工人开始更多地组织集体谈判，以争取更好的工资和工作条件，工会的发展在一定程度上推动了劳动法的制定和实施。

③ 全面性的劳动法：20 世纪初，一些国家开始制定更全面的劳动法，包括规定工时、工资、工伤赔偿、童工限制和妇女工作条件的法律，这些法律旨在提供更多的劳动保护。

④ 劳动法的保护范围扩大：劳动法开始扩大适用范围，包括更多的工人群体，如农民、渔民和家政工人，这有助于确保各个行业和职业的工人都能享受法律保护。

⑤ 职业安全和健康法规：20 世纪初期，一些国家开始制定关于职业安全和健康的法规，以减少工伤和职业疾病的发生，这些法规要求雇主提供安全的工作环境，并采取措施来减少工伤风险。

这些发展和改革奠定了现代劳动法和劳动合同法的基础，旨在确保工人享有更多的权益和保护。随着时间的推移，劳动法继续发展，以适应不断变化的工作环境和社会需求。

（四）第二次世界大战后的法律演变

第二次世界大战后的法律演变在劳动法和劳动合同法领域进一步推动了法律的发展和改进，以适应战后社会和经济的需求，以下是第二次世界大战后的一些重要法律演变。

① 1944 年《埃尔斯伯格法案》：该法案在美国引入了国家最低工资标准，并要求雇主支付超时工资，这一法案是美国最早的最低工资法律之一，为工人提供了经济上的基本保护。

② ILO 的进一步发展：第二次世界大战后，国际劳工组织继续发挥作用，制定了一系列国际劳工标准，并推动各国采纳这些标准，这有助于在国际范围内促进工人权益的保护和劳动合同法的制定。

③ 联合国人权宣言：1948 年，联合国通过了《世界人权宣言》，其中包括了对工人权益的保护，宣言强调了工人应当享有公平的工资、工作条件和工时，并提倡了工会自由。

④ 欧洲社会模式的建立：第二次世界大战后的欧洲，各国采纳了广泛的社会政策，包括国家医疗保险、退休金制度和失业救济，这些政策有助于提高工人的社会保障水平，同时加强了劳动法和劳动合同法的制定。

⑤ 平等权利法律的制定：第二次世界大战后，各国采纳了更多的法律来禁止对性别、种族、宗教、残疾等方面的歧视，这些法律在劳动市场中推动了平等权利的实现，确保了不同群体的工人都能享有平等权益。

⑥ 福利国家的发展：一些国家在第二次世界大战后建立了国家福利体系，提供医疗、教育、住房、社会保障等服务，这有助于提高工人的生活水平，同时也增加了对劳动法的需求，以确保这些福利权益得到充分保护。

这些法律演变和发展促进了全球范围内劳动法和劳动合同法的不断完善，以确保工人享有更多权益和保护，同时也反映了社会对于平等和社会正义的更高期望。

（五）20 世纪末至 21 世纪初的发展

20 世纪末至 21 世纪初，劳动法和劳动合同法经历了一系列重要的发展，以适应全球化、技术进步和变化的工作环境，以下是这一时期的一些主要发展。

① 全球化和国际标准：全球化加速了国际贸易和跨境劳动力流动，这推动了国际劳工标准的发展，以确保在全球范围内维护工人的权益，国际组织如 ILO 在制定和推广国际劳工标准方面发挥了关键作用。

② 科技和数字化的崛起：21 世纪初，信息技术和数字化革命改变了工作方式和劳动市场，这引发了对新兴工作形式（如远程办公、雇佣平台工作等）的法律调整，以确保这些工人享有与传统工作相等的权益和保护。

③ 全职与非全职工作：许多国家开始考虑更灵活的工作安排，包括非全职工作、自由职业工作和独立承包商，相关法律制度和劳动合同法在适应这些不同形式的工作时经历了变革。

④ 劳动法和社会政策的平衡：许多国家努力平衡促进经济增长和就业创造与工人权益保护之间的关系，这促进了法律的演变，以确保工人在竞争激烈的市场中依然享有一定程度的保障。

⑤ 性别平等和多元文化：劳动法和劳动合同法越来越强调性别平等和多元文化的原则，法律改革旨在消除性别歧视，确保妇女和各种文化背景的工人都受到平等对待。

⑥ 工作条件和健康：职业安全和健康法规得到了进一步强化，以应对新的职业风险，如信息技术和新兴工业领域的挑战，工人的安全和健康得到更多的关注。

⑦ 越来越多的法规和标准：21 世纪初，各国在劳动法和劳动合同法领域采纳了更多的法规和标准，以应对新兴问题，如网络隐私、工作灵活性和社会媒体使用。

这些发展和改革反映了社会、经济和技术的变化，以及对工人权益和劳动合同法的不断演进的需求。劳动法和劳动合同法在全球范围内继续发展，以适应不断变化的工作环境和社会需求。

（六）当代劳动合同法的趋势

当代劳动合同法的趋势涵盖了多个方面，反映了社会、经济和技术的变革。以下是一些当代劳动合同法的主要趋势。

① 职业安全和健康：越来越多的国家强化了职业安全和健康法规，以确保工作场所安全，并预防工伤和职业疾病的发生，这包括要求雇主提供安全培训、安全设备和安全措施，以及加强监管和执法。

② 灵活工作安排：随着技术的发展，越来越多的工人从事远程工作、临时工作和自由职业工作，劳动合同法需要适应这些灵活的工作安排，以确保这些工人享有适当的权益和保护。

③ 平等和反歧视：劳动法和劳动合同法越来越强调性别、种族、性取向、宗教、残疾等方面的平等原则，法律禁止歧视，并鼓励多元文化和包容性工作环境。

④ 社会福利和权益：一些国家继续拓展社会福利制度，包括医疗保险、养老金和失业救济制度，以提高工人的社会权益水平。

⑤ 最低工资标准：许多国家提高了最低工资标准，以反映通货膨胀和生活成本的上升，确保工人能够维持基本的生活水准。

⑥ 数字隐私和数据安全：随着数字化经济的兴起，劳动合同法越来越关注员工的数字隐私和数据安全，这包括规定雇主如何处理员工的个人数据及员工在工作中的数字权益。

⑦ 环境可持续性和绿色工作：一些国家鼓励环境可持续性，制定了法规以鼓励绿色工作和可再生能源行业的发展，这可能涉及绿色工作岗位的创造和环保法规的实施。

⑧ 平衡劳工权益和企业需求：劳动合同法的发展通常试图在保护工人

权益的同时，确保企业有足够的灵活性和竞争力，这需要权衡工人的权益和经济增长的需求。

这些趋势反映了当代社会和经济的挑战，同时也反映了对工人权益和劳动合同法的不断演进的需求。劳动法和劳动合同法在不同国家之间可能有所不同，但总体趋势是保护工人的权益，提高工作条件，并促进公平和可持续的劳动市场。

（七）国际层面的努力

国际层面也出现了一系列努力，旨在促进全球范围内的劳动合同法和工人权益的保护。以下是一些国际层面的努力和组织。

① ILO：ILO 是联合国的一个特殊机构，致力于制定国际劳工标准和保护工人权益。ILO 的各种公约和建议在全球范围内影响着劳动合同法的发展。ILO 的核心公约包括有关工时、工资、童工、强制劳动和工会权利的规定。

② 世界贸易组织（WTO）：WTO 和其他国际贸易协定也包括与贸易和工人权益有关的规定，这些协定通常要求成员国遵守一定的劳工标准，并禁止采取不正当竞争手段，如剥削劳工来降低成本。

③ 联合国可持续发展目标（SDGs）：SDGs 中包括与工人权益和劳动合同法相关的目标，如减少贫困、推动经济增长和就业、促进性别平等和社会包容性等，各国在实现这些目标时需要采取相关政策和措施，涉及劳动合同法的改进。

④ 区域和双边贸易协定：一些国际贸易协定（如欧洲联盟的贸易协定）包括与劳工权益有关的规定，要求贸易伙伴国遵守一定的劳工标准。这些协定有助于促进全球范围内的工人权益保护。

⑤ 国际工会组织（ITUC）：国际工会组织如 ITUC 在全球范围内促进工人团结和权益保护，它们通过对话、宣传和倡导活动，努力改善工人的劳动条件和权益。

这些国际努力强调了全球范围内的劳工标准和劳动合同法的重要性，鼓励各国采取措施以保护工人的权益。同时，它们也促使国际合作，以解决跨境问题，如跨国公司的责任和跨境劳工迁移。国际协作对于维护全球劳动权益至关重要。

（八）劳动合同法的未来发展趋势

劳动合同法的未来发展趋势将受到社会、经济、技术和法律环境的多重因素的影响。以下是可能的未来发展趋势。

① 数字化和远程工作：随着数字技术的不断发展，远程工作和灵活工作安排将继续增加，未来的劳动合同法可能会更多地关注这些新兴工作形式，包括远程办公、自由职业和协作经济的法律调整。

② 人工智能和自动化：自动化和人工智能技术的普及将引发对工人的就业和技能需求的变革，劳动合同法可能需要适应这些技术变革，以保护工人的权益并确保他们获得培训和再就业机会。

③ 社会不平等：劳动合同法可能会更加关注减少社会不平等，包括提高最低工资标准、加强反歧视法规和改善工人的社会福利权益。

④ 环境可持续性：社会对环境可持续性的关注将促进劳动合同法对可持续工作和环保行业的支持，法律可能鼓励绿色工作和可再生能源行业的发展。

⑤ 私人数据和隐私权：随着对私人数据和隐私的担忧不断增加，劳动合同法可能会更加关注员工的数字隐私权益和数据安全。

⑥ 新兴劳工权益：劳动合同法可能会更多地关注新兴领域的劳工权益，如平台工作、合同工人和零工经济中工人的权益，法律可能鼓励这些工人获得更多权益和保护。

⑦ 国际合作：国际合作将继续推动国际劳工标准的发展，以确保全球范围内的工人享有相似的权益和保护。

⑧ 技能培训和再就业：劳动合同法可能会更多地关注工人的技能培训和再就业机会，以帮助他们适应工作市场的变革。

这些趋势是劳动合同法未来可能的发展方向，但具体的法律变化将取决于各国的法律制定和政策决策。随着社会和经济的演变，劳动合同法将不断适应新的挑战和机会，以确保工人的权益。

劳动合同法的产生与演变是一个与社会、经济和技术变革相互交织的历史进程。从最初的关注劳动条件的改善，到后来的工会运动、国际劳工组织的形成，再到现代对数字化时代和新型劳动关系的法律回应，劳动合同法在不断演变中对维护劳动者权益、促进公平劳动关系发挥着至关重要的作用。

未来，随着社会的不断发展和劳动力市场的变革，劳动合同法将继续面临新的机遇和挑战。在制定和修订劳动法时，需要更加灵活地考虑不同行业、文化、技术环境下的特殊情况，强调平等、社会责任和可持续性的原则，以建设性的方式促进劳动力市场的繁荣和发展。劳动合同法未来将在全球范围内继续塑造劳动关系，促进更加公正、平等和人文的劳动力市场的形成。

二、劳动合同法的国际比较

劳动合同法是各国劳动法体系中的核心组成部分，它涉及雇佣关系的基本规则，确保雇员和雇主之间的权利与义务得到合理平衡。国际上不同国家的劳动合同法存在很大的差异，这反映了各国在社会、文化、经济和法律体系上的多样性。本节将对几个代表性国家的劳动合同法进行比较，以深入了解各国的制度特点和法规差异。

（一）德国的劳动合同法

德国的劳动合同法具有长久的历史和深厚的法律传统，其主要特点包括以下四个。

① 合同订立：德国劳动合同法要求雇主和雇员之间订立明确的书面合同，其中规定了工作内容、工资、工时等关键信息，这有助于双方明确各自的权利和义务。

② 集体谈判：德国高度重视工会的作用，允许工会与雇主进行集体谈判，并在谈判中达成劳动协议，这些协议往往在法律上具有约束力。

③ 解雇保护：德国劳动合同法规定了解雇的严格条件，要求雇主提供

充分的理由，并往往需要证明在公司内部已经尽力寻找其他解决方案。

④ 工会参与：在企业中，工会往往有权参与决策过程，包括人事安排和福利政策，这体现了德国注重雇员参与的传统。

（二）美国的劳动合同法

美国的劳动合同法相对灵活，以更大程度上强调市场机制和雇佣双方的自由协商为特点。

① 就业关系的解雇灵活性：美国劳动法通常较为宽松，允许雇主在没有明确原因的情况下解雇雇员，前提是没有违反反歧视法等相关法规。

② 州级差异：劳动法在美国属于州法的范畴，不同州的法规可能存在较大差异，例如，有的州实行"雇佣即解雇"的原则，而有的州则要求提供更多的解雇保护。

③ 无工会环境：相对于一些欧洲国家，美国的工会覆盖率较低，一些州实施了"右至工作"法案，允许雇员选择是否加入工会，这影响了集体谈判的权力。

④ 最低工资：美国联邦和各州设有最低工资标准，雇主必须确保员工的薪酬不低于这个标准。

（三）中国的劳动合同法

中国的劳动合同法是近年来颁布的，旨在适应经济快速发展和社会变革的需要，其主要特点包括以下四个。

① 合同类型：中国劳动合同法区分了固定期限劳动合同、无固定期限劳动合同、以完成一定工作任务为期限的劳动合同等多种合同类型，以满足不同情况下雇佣关系的需求。

② 解雇保护：中国的劳动合同法对解雇设定了相对严格的条件，规定了合法的解雇原因，并要求雇主提前通知或支付赔偿。此外，对于劳动合同的终止，中国法律规定了一定的程序和条件。

③ 工时和休息：中国劳动合同法包括了工作时间、加班、休息日、年假等方面的规定，强调保障员工的合法权益，防止过度劳动。

④ 工会参与：中国鼓励工会的形成和发展，劳动合同法规定了工会在企业中的一些权益，包括在劳动争议解决中的参与权。

（四）瑞典的劳动合同法

瑞典的劳动合同法体现了其社会民主和劳动参与的传统，其主要特点包括以下四个。

① 集体谈判和工会权益：瑞典强调集体谈判的作用，工会在劳动市场上具有重要的地位，能够与雇主进行协商，达成劳动协议，这些协议具有法律约束力。

② 解雇保护：瑞典劳动合同法对解雇进行了一定的限制，要求雇主提供正当理由，并提供相应的解雇赔偿。

③ 工作时间：瑞典的工作时间较为灵活，法定的工作时间较短，且雇员有权选择灵活的工作时间安排，以适应个体需求。

④ 平等权益：瑞典的法律强调平等权益，禁止性别歧视，要求雇主提供平等的工作机会和待遇。

（五）日本的劳动合同法

日本的劳动合同法反映了其特有的文化和社会制度，主要特点包括以下四个。

① 终身雇佣制度：在日本，过去存在着较为普遍的终身雇佣制度，即雇员被期望在一家公司工作直至退休。然而，近年来这一传统模式在逐渐改变。

② 劳动争议解决：日本的劳动合同法注重劳动争议的和解和调解，劳动争议一般首先通过公司内的劳动委员会解决，然后再通过劳动委员会以外的劳动争议调解委员会等机构解决。

③ 加班文化：日本有较为严重的加班文化，但近年来政府和企业逐渐

采取一系列措施，试图改变这一情况，以保护员工的健康和权益。

④ 平等权益：日本的法律对性别平等等方面进行了规定，禁止性别歧视，强调男女平等的原则。

（六）国际比较的发展趋势

① 灵活性和平衡：在国际比较中，越来越多的国家开始关注工作的灵活性，既要保护员工的基本权益，又要适应新型劳动关系的发展。

② 数字化时代的挑战：随着数字化时代的到来，各国的劳动合同法都面临着新的挑战，包括如何保护数字平台工作者、如何应对自动化对传统劳动市场的冲击等。

③ 平等和多元性：国际上越来越注重性别平等、文化多元性等方面的问题，劳动合同法在制订和修订时往往要考虑到不同群体的特殊需求，强调平等权益。

④ 社会责任：一些国家在劳动合同法中开始强调企业的社会责任，提倡可持续发展和社会公正。

通过国际比较，可以看到各国劳动合同法背后都反映了各自社会、文化、法制的特点：德国注重集体谈判和解雇保护、美国强调雇佣灵活性和自由协商、中国注重合同类型和工会参与、瑞典强调工会权益和平等、日本体现了特有的劳动文化等。未来，劳动合同法的发展趋势将更加注重灵活性、平等和社会责任，以适应不断变化的经济和社会环境。国际上的经验交流和合作将有助于各国更好地应对共同的挑战，促进全球范围内劳动力市场的可持续和公正发展。

第三节　劳动合同法的核心理念

一、诚实信用原则

在商业和法律领域，诚实信用原则是一项基础性的原则，其核心理念是建立在商业伙伴之间的诚信和信任基础之上的。这一原则对商业活动、交易、契约及社会关系具有深远的影响。本节将深入探讨诚实信用原则的含义、重要性及在商业和法律实践中的应用。

（一）诚实信用原则的概念

诚实信用原则是一种法律和商业伦理原则，它强调商业和合同关系中诚实、透明和诚信的行为，通常是商业活动和合同法律体系的重要组成部分。以下是诚实信用原则的概念和要点。

① 诚实：这一原则要求在商业交易和合同中，各方必须诚实、坦诚和真实地交流信息，这包括提供准确的信息、避免虚假陈述和欺诈行为。

② 信用：信用原则强调信用的重要性，商业合同的签订和履行应基于相互的信任，各方应当信守承诺，并按照约定的条件执行合同。

③ 公平竞争：诚实信用原则要求在商业竞争中遵守公平竞争规则，不采取不正当竞争行为，如垄断、串谋或其他违法行为。

④ 保护权益：这一原则旨在保护各方的权益，确保他们在合同中不会受到不公平待遇或诈骗行为的伤害。

⑤ 法律合规：诚实信用原则要求各方遵守相关法律和法规，以确保他们的商业行为合法，不会侵犯他人的权益。

⑥ 合同履行：该原则要求合同的签订和履行是按照协议的条件和约定进行的，各方必须履行他们在合同中的义务。

⑦ 诚信：信用原则强调了诚信的重要性，合同各方应当诚实地履行他们的义务，避免不诚实或欺诈性的行为。

⑧ 法庭和仲裁：当发生争议时，法庭和仲裁程序通常会考虑诚实信用原则，以确定合同是否有效，以及各方是否履行了他们的义务。

总的来说，诚实信用原则强调商业合同和交易应基于信任、诚实和诚信，以促进公平竞争和保护各方的权益。这一原则有助于确保商业关系的稳定和可持续发展，并在法律体系中起着重要的作用。

（二）诚实信用原则的重要性

诚实信用原则在个人、社会和商业领域都非常重要，它有助于维护信任、促进合作和维护秩序。以下是诚实信用原则的重要性。

① 建立信任：诚实和信用是建立人际关系和社会关系的基础，通过诚实和信用，人们可以建立信任，这有助于促进合作。

② 维护社会秩序：在社会中，诚实信用原则有助于维护法律和秩序。通过诚实和信用，人们遵守法律规定，避免欺诈和不诚实行为，从而维护社会的稳定与和谐。

③ 保护消费者权益：在商业领域，诚实信用原则对于保护消费者权益至关重要，通过提供真实和准确的信息，企业可以避免误导消费者，确保产品和服务的质量。

④ 促进经济发展：在商业环境中，诚实信用有助于促进交易和投资，信用良好的企业更容易获得融资和合作伙伴，从而促进经济增长、创造就业机会。

⑤ 维护个人声誉：在个人生活中，诚实信用有助于维护个人声誉，一个诚实守信的个人更容易建立良好的人际关系，得到尊重和支持。

⑥ 避免法律问题：不诚实行为可能导致法律问题和法律后果，通过遵守诚实信用原则，个人和企业可以避免法律诉讼和处罚。

总之，诚实信用原则是社会运作的基础，它有助于建立信任、维护秩序、保护权益、促进经济发展和维护个人声誉。遵守这一原则是每个人和组织应该积极追求的目标，有助于建立更加和谐和繁荣的社会。

（三）诚实信用原则在商业中的应用

诚实信用原则在商业中有着重要的应用，对于企业的长期成功和声誉维护至关重要。以下是在商业中应用诚实信用原则的一些关键方面。

① 建立可靠品牌：诚实信用原则是建立可靠品牌的基础，通过提供高

质量的产品和服务，充分满足客户需求，并遵守广告法规，企业可以建立声誉良好的品牌。

② 透明度和真实广告：企业应该避免虚假宣传和误导性广告，诚实的广告有助于消费者作出明智的购买决策，并建立可信度。

③ 保护客户数据：诚实信用要求企业妥善保护客户的个人信息和隐私，不当处理客户数据可能导致信任损害，甚至法律问题。

④ 履行合同：企业必须诚实守信地履行合同，不履行合同可能导致法律纠纷和损害声誉。

⑤ 诚实竞争：在市场竞争中，企业应该遵循竞争法规和伦理规范，避免不正当竞争和欺诈行为。

⑥ 财务透明度：企业应该提供真实、准确的财务信息，以便投资者、股东和监管机构能够评估企业的健康状况，不诚实的财务报告可能导致法律问题和财务问题。

⑦ 负责任的营销：企业应该诚实守信地与客户互动，并提供准确的信息，不道德的销售和市场营销方式可能损害声誉、影响销售。

⑧ 社会责任：企业应该对社会和环境承担责任，诚实地履行其社会责任，主要包括可持续经营、环境保护和社会贡献。

总之，在商业中应用诚实信用原则对于维护企业声誉、客户忠诚度和长期成功至关重要。遵守这一原则有助于建立信任、吸引客户、避免法律问题、提高企业可持续性，以及在竞争激烈的市场中脱颖而出。

（四）诚实信用原则在法律中的体现

诚实信用原则在法律中有广泛的体现，这一原则对于法律体系的顺畅运作和社会的稳定至关重要，以下是一些法律领域中的诚实信用原则的具体体现。

① 欺诈相关法律规定：法律禁止欺诈行为，这包括故意提供虚假信息、隐瞒事实或误导他人，欺诈违反了诚实信用原则，可能会导致法律制裁，包

括刑事指控、民事诉讼和罚款。

② 合同法：合同是建立在信任和诚实基础上的法律协议，合同法要求各方按照诚实信用原则履行合同，包括提供真实信息、履行承诺和诚实协商。

③ 消费者权益保护法：法律保护消费者权益，要求企业提供真实和准确的信息，避免虚假广告和欺诈性行为，消费者权益法对违反诚实信用原则的行为进行监管，并为受害者提供法律保护。

④ 金融监管法律体系：金融法律体系强调金融机构和从业人员的诚实信用，不诚实的金融行为可能会导致市场不稳定和金融危机，因此，金融监管机构严格监督金融活动以确保遵守这一原则。

⑤ 商业竞争法：商业竞争法规定了合法竞争的标准，禁止不正当竞争行为，如虚假宣传、垄断和不正当价格竞争，这些规定强调了商业领域中诚实信用的重要性。

⑥ 法庭程序相关法律规定：在法庭上，证人和当事人必须诚实陈述事实，作假证或伪造证据是违法行为，违反了法庭程序的诚实信用原则。

⑦ 知识产权法：知识产权法保护知识产权的所有者免受盗版和侵权行为的侵害，企业和个人需要诚实守信地遵守知识产权法律，以保护创新和知识产权。

总之，诚实信用原则在法律中扮演着至关重要的角色，确保社会和商业领域的正常运作，维护法治、保护权益、增强信任，促进公平竞争，不遵守这一原则可能导致法律责任和制度性问题。

（五）全球视野下的诚实信用原则

诚实信用原则是一组在全球范围内通用的基本道德准则，涉及诚实、真实、诚信、公正、可靠性等方面。这一原则是社会、商业、法律、道德伦理等领域的基石，对于维护社会秩序、建立信任和促进可持续发展至关重要。在全球化时代，诚实信用原则具有更重要的意义，因为它涉及国际贸易、国际关系和全球社会的多个层面。下文将探讨全球视野下的诚实信用原则及其在不同领域的应用。

1. 商业道德与国际贸易

在全球商业中，诚实信用原则是跨国公司和国际贸易伙伴之间的基础，主要表现在以下三个方面。

① 合同履行：企业必须按照合同的条款履行其承诺，不履行合同可能导致法律争端、损害企业声誉、影响国际贸易合作。

② 反腐败：国际反腐败法律和道德要求企业不参与贿赂、不滥用权力或其他不正当手段来获取商业机会，不诚实的商业行为可能导致严重后果，包括刑事指控。

③ 知识产权：保护知识产权是国际贸易的重要方面，不尊重他人的专利、商标和著作权会引发法律纠纷，威胁全球创新和知识产权制度。

2. 国际关系与外交

在国际关系中，诚实信用原则对于国家之间的互动至关重要主要表现在以下三个方面。

① 国际合作：国际合作在处理全球问题，如气候变化、安全、贸易等方面至关重要，国际组织和国家之间的合作需要信任和诚实。

② 国际条约和协定：国家必须诚实守信地履行国际条约和协定，不履行国际承诺可能导致外交争端和国际法律问题。

③ 国际人权：全球社会普遍认可的人权原则需要国家遵循诚实信用原则，包括不侵犯公民的权利和自由。

3. 公共服务与政府

在政府和公共服务领域，诚实信用原则对于维护公共利益至关重要，主要表现在以下三个方面。

① 政府透明度：政府需要提供真实、准确的信息，以确保政策制定过程的透明度和可信度，不诚实的政府行为可能导致公众不信任政府。

② 反腐败和廉政：政府机构必须采取措施来打击腐败和提倡廉政，腐败破坏了社会和经济的发展，损害国际信誉。

③ 公共卫生和教育：在全球范围内，提供真实的卫生和教育信息对于公众健康和教育至关重要，不提供真实信息可能导致卫生危机和教育不平等。

4. 全球社会和环境

诚实信用原则也在全球社会和环境保护中发挥着关键作用，主要表现在以下三个方面。

① 可持续发展：实现可持续发展目标需要国际社会诚实合作，以解决全球问题，如气候变化、贫困和资源可持续性问题。

② 环境保护：维护环境和生态系统的健康需要国际社会诚实守信地遵守环境法律和协议，违反环境法律可能导致严重的生态破坏。

③ 人道援助：提供人道援助和支持需要诚实信用原则，透明度、真实性和有效性是援助工作的关键要素。

5. 国际安全

在国际安全领域，诚实信用原则对于维护和平和安全至关重要，主要表现在以下三个方面。

① 军事合作：国际军事合作需要信任和真实合作，不诚实的安全合作可能引发冲突和不稳定。

② 冲突解决：国际冲突的解决需要各方诚实交流，以达成和平协议，不诚实的谈判可能导致和平进程破裂。

③ 核裁军和非扩散：国际核裁军和核不扩散协议需要国家诚实守信地遵守承诺，以维护全球安全。

在全球视野下，诚实信用原则贯穿各个领域，从商业到政府、从国际关系到环境。这些原则不仅有助于维护社会秩序和建立信任，还为全球社会的和谐、公正和可持续发展奠定了坚实的基础。

（六）诚实信用原则的挑战与应对

诚实信用原则作为社会、商业和法律的基础准则，在全球范围内面临着各种挑战。这些挑战可能源于技术进步、文化差异、政治纷争等多种因素，在不同领域需要适当的应对措施。下文将探讨诚实信用原则的挑战，并提出应对这些挑战的建议。

1. 技术进步和信息传播的挑战

（1）挑战

随着互联网和社交媒体的普及，信息的传播变得更快、更广泛，同时也更容易被操纵和滥用。虚假信息、网络欺诈和虚假广告变得更为普遍，对诚实信用原则提出了挑战。

（2）应对建议

① 提高信息素养：教育公众和企业应学习如何识别虚假信息，鼓励人们进行独立思考和验证信息的来源。

② 强化数字安全：确保个人和企业的数据安全，减少网络欺诈和数据泄露。

③ 强化社交媒体平台的监管：社交媒体平台应采取措施来限制虚假信息和滥用平台的行为。

2. 文化差异的挑战

（1）挑战

不同文化和价值观可能导致对诚实信用原则的不同理解和应用。一些行为在某些文化中可能被视为正常，但在其他文化中可能被认为是不诚实。

（2）应对建议

① 文化敏感性：在国际合作和跨文化交往中，应考虑并尊重不同文化的观点和价值观，以促进相互理解。

② 国际规范和指南：国际组织可以制定跨文化的道德和行为指南，以帮助不同文化背景的人们理解共同的诚实信用原则。

3. 政治和法律环境的挑战

（1）挑战

政治和法律环境的不稳定性可能导致法规的频繁变化和不确定性，使企业难以遵守诚实信用原则。

（2）应对建议

① 跟踪法规变化：企业和个人应积极跟踪国内和国际法律法规的变化，确保他们的行为与法规保持一致。

② 积极参与政策制定：企业和公民社会可以积极参与政策制定，为制定有利于诚实信用原则的法规和标准提供意见。

4. 全球贸易和竞争的挑战

（1）挑战

全球化使得国际贸易更加复杂、竞争更加激烈，企业可能感到压力，采取不正当手段以获取竞争优势。

（2）应对建议

① 遵守国际贸易法规：企业应遵守国际贸易法规，避免不正当竞争行为，如垄断、反垄断和不正当价格竞争。

② 贸易伦理教育：培训企业人员，使他们了解国际贸易伦理，包括反贿赂、反腐败和反不正当竞争原则。

5. 金融和投资的挑战

（1）挑战

金融领域的快速变化和复杂性可能导致不正当金融行为，如市场操纵、欺诈交易和不当销售。

（2）应对建议

① 金融监管：加强金融监管机构的能力，监督金融市场，预防和打击不正当金融行为。

② 投资伦理：投资者和金融从业人员应关注投资伦理，避免不道德投资行为。

6. 环境和社会责任的挑战

（1）挑战

企业和政府在环境和社会责任方面的不诚实行为可能导致环境破坏、社会不平等和声誉风险。

（2）应对建议

① 环境法规：强化环境法规，鼓励企业采取可持续发展措施，保护生态系统和资源。

② 社会责任报告：企业应提供透明的社会责任报告，告诉公众其社会和环境行为。

7. 教育和宣传的挑战

（1）挑战

教育和宣传的不足可能导致公众和企业不了解诚实信用原则，以及为什么它们如此重要。

（2）应对建议

① 教育和宣传：加强教育和宣传，提高公众和企业对诚实信用原则的认识和理解。

② 道德教育：在教育系统中加强道德教育，培养未来领导者和决策者的道德感。

总之，诚实信用原则在全球范围内具有至关重要的价值，但它们在不同领域面临各种挑战，为了应对这些挑战，需要国际社会的合作。

诚实信用原则是商业和法律领域的基石，它强调在商业和社会交往中要本着真实守信的原则。这一原则不仅对于商业伙伴之间的关系至关重要，也在法律体系中得到了具体的体现。在全球化的背景下，企业需要更加注重在国际市场中遵循诚实信用原则，以建立和维护国际商业关系。

然而，实践中也存在一些挑战，如信息不对称、文化差异、法律体系的差异等。企业需要在全球范围内制定合适的战略，应对这些挑战，确保在国际市场中取得可持续发展的竞争优势。

综合而言，诚实信用原则在全球范围内具有普遍性和重要性。在商业交往中，企业需要建立可靠的商业信誉，以赢得客户、合作伙伴和投资者的信任。在法律层面，诚实信用原则不仅是契约法、不正当竞争法等法规的基础，也是公司治理法、消费者权益保护法等法律框架中的关键要素。

在实践中，企业应该在其经营活动中秉持诚实信用原则，避免虚假宣传、欺诈行为，提高信息透明度，建立和维护与商业伙伴之间的良好关系。此外，在国际市场中，企业还需要注意适应不同文化、法律和商业习惯的多样性，制定相应的战略和政策，确保在全球范围内的可持续发展。

随着全球化的深入，企业和法律体系也需要不断适应新的挑战和机遇。当前，全球范围内的信息流动更加迅速，跨国合作更为频繁，因此，强调诚实信用原则对于促进国际商业合作、维护全球经济的稳定和可持续发展都具有重要的作用。

总体而言，诚实信用原则不仅是商业成功的基石，也是构建健康社会和法治体系的基础。企业和法律体系应当共同努力，倡导和践行诚实信用原则，为全球商业和法律体系的发展贡献力量。这将有助于创造一个更加公正、透明、诚信的商业环境，从而实现可持续发展的目标。

二、平等自愿原则

在法律和伦理的领域中，平等自愿原则被视为一项核心准则，为各类合同和交易提供了法律和伦理的支持。该原则强调个体之间在法律和道德上的平等地位，以及自愿选择参与合同和交易的自由意愿。

（一）平等自愿原则的概念

平等自愿原则是一个重要的伦理和法律原则，广泛应用于社会、政治和经济领域。它强调个体之间在作出决定或参与交易时应该享有平等地位，并且他们的行为应该是自愿的，没有任何形式的强迫或欺骗。这一原则在多个领域都具有深远的影响，包括人权、社会公平、政治制度和伦理道德。这一原则的核心概念如下。

① 平等：平等原则要求所有参与者在某一决策或交易中享有平等的权利和地位，这意味着无论是社会地位、性别、种族、宗教信仰还是其他因素，个体都不应该受到不平等对待，平等的观念是伦理学和法律中的基石，能够

确保社会中的公平和正义。

② 自愿：自愿性是平等自愿原则的另一个重要方面，它意味着个体在作出决策或参与交易时不受到强迫、威胁或欺骗，个体的决定应该是自主的，基于充分的信息和自由的意愿。

（二）平等自愿原则的重要性

平等自愿原则在伦理、法律、政治、社会学等领域具有极其重要的地位。这一原则强调了个体在决策和交易中的平等地位和自愿性，对于构建公平、自由与和谐的社会至关重要。

1. 个体尊严和自由

平等自愿原则体现了个体的尊严和自由。每个人都应该受到平等对待，不受歧视或不公平的待遇。这一原则为每个人提供了自主决策的机会，不受外部强迫或压力的影响，它鼓励人们发挥自己的意愿和自由意志，促进了自我实现和自由的发展。

2. 防止不平等和歧视

平等自愿原则有助于减少社会中的不平等和歧视现象，无论是在就业、教育、医疗还是其他领域，这一原则都确保了每个人都有平等的机会。不平等和歧视会导致社会不稳定和不公平，而平等自愿原则有助于减少这些问题的发生。

3. 合同和商业交易

在商业和合同领域，平等自愿原则是确保公平和诚信交易的基础。合同应该是双方自愿达成的，没有任何形式的强迫或欺骗，这有助于保护雇员免受不公平的对待，同时也鼓励企业之间建立诚实和可靠的合作关系。

4. 人权和公民自由

在人权和公民自由方面，平等自愿原则是确保每个人享有平等权利的关键，它保护了人们的言论自由、宗教自由、性别平等和其他基本权利，这有助于防止政府或其他机构滥用权力，侵犯个体的自由和权利。

5. 政治制度

平等自愿原则在民主政治制度中具有重要意义。选举和政治参与应该是自愿的，每个选民都应该在选举中享有平等的权利；政治候选人也应该在平等的竞选环境中参与选举，而不受不公平的竞选实践的影响，这有助于维护民主制度的公正和透明性。

6. 社会公平

在社会政策和社会服务领域，平等自愿原则有助于建立更公平的社会。政府政策应该基于公平原则，确保资源和机会的公平分配，这有助于减少社会不平等，增加社会凝聚力。

7. 伦理道德

平等自愿原则在伦理道德中具有关键地位，它强调了个体之间的互相尊重和道德责任，鼓励诚实和公平的行为，这有助于建立和谐的人际关系和社会。

8. 国际关系

在国际关系中，平等自愿原则有助于建立和平和协作的国际秩序。国家之间的条约和协议应该基于平等和自愿原则，而不应该涉及强迫或威胁，这有助于维护国际和平与安全。

平等自愿原则是一个伦理和法律上的基本原则，它体现了个体的尊严和自由，防止不平等和歧视，确保公平和诚实的交易，保护人权和公民自由，维护民主政治制度，建立更公平的社会，鼓励伦理道德和维护国际和平。这一原则是构建公正、自由和和谐社会的关键要素，应得到广泛的认可和尊重。通过坚守这一原则，可以共同努力建立一个更美好、更公平和更自由的世界。

（三）平等自愿原则在法律实践中的应用

平等自愿原则在法律实践中具有广泛的应用，它是确保公平、正义和法治的基石。这一原则涉及合同法、刑法、劳动法和其他法律领域，对于维护社会秩序和保护个体权益至关重要。

1. 合同法中的应用

在合同法中，平等自愿原则是核心原则之一，它确保合同的成立是自愿的，没有任何形式的强迫或欺骗。合同必须基于双方自愿的协议，否则合同将被视为无效，这有助于防止不公平的合同条件和商业欺诈。

2. 刑法中的应用

在刑法中，平等自愿原则涉及罪犯的自愿性。罪犯在犯罪时应该是自愿的，没有受到威胁或强迫。这一原则在确定刑事责任和判刑时发挥着关键作用。如果犯罪行为是在强迫或欺骗的情况下发生的，法律通常会予以更宽容的对待。

3. 劳动法中的应用

在劳动法中，平等自愿原则涉及雇佣关系。雇员应该自愿参与劳动合同，而雇主不应该使用威胁或强迫的手段。劳动法保护雇员的权益，确保他们享有平等的工资、工时和工作条件，同时也保护雇主的合法权益。

4. 司法程序中的应用

在司法程序中，平等自愿原则体现在法庭的工作中。法庭程序必须基于各方的自愿参与，确保每一方都有平等的机会陈述自己的观点，并获得公平的审判。法庭不得对被告或原告施加不合理的压力或强迫他们作出决策。

5. 人权保护

平等自愿原则对于保护人权至关重要，它确保政府不得强迫或压迫公民，违反其基本人权，包括言论自由、思想自由、宗教信仰自由和公平审判等权利。

6. 合法程序的应用

在合法程序中，平等自愿原则确保被告在受审时是自愿的，他们有权选择自己的辩护律师，有权拒绝作证，同时也有权寻求公平的审判，这有助于维护司法公正和法治原则。

7. 婚姻和家庭法中的应用

在婚姻和家庭法领域，平等自愿原则涉及婚姻的自愿性，夫妻之间的婚姻应该是自愿的，没有任何形式的强迫，法律保护了个体在婚姻关系中的权益，如离婚和子女抚养权。

8. 知情同意

在医疗和研究领域，平等自愿原则强调了知情同意的重要性，患者或参与研究的个体应该接受充分的信息，以便能够自愿作出决策，医疗程序或研究不得在没有知情同意的情况下进行。

9. 财产权

平等自愿原则也在财产权方面具有重要作用，它确保个体的财产权得到保护，而不受不正当的强迫或征用。财产权是法治社会的重要组成部分，而平等自愿原则有助于维护这一权益。

平等自愿原则在法律实践中扮演着关键角色，它有助于确保公平、正义和法治。无论是在合同法、刑法、劳动法还是其他法律领域，这一原则都为维护社会秩序和保护个体权益提供了强有力的法律基础。它防止了不平等、歧视、强迫和欺诈的行为，有助于维护社会的公平和正义。此外，平等自愿原则还促进了社会的和谐发展和人际关系的良性互动。

对于法律体系而言，平等自愿原则的应用有助于确保法律的公平性、透明性和可预测性。它建立了法治社会的基础，使每个人都能够信任法律体系，依法行事。这不仅有助于维护社会的稳定和公平，还有助于吸引投资、创造就业机会和促进经济增长。

然而，平等自愿原则的应用并非总是一帆风顺，可能会面临一些挑战。强迫、欺诈和不平等对待仍然存在，需要法律系统和执法机构的持续努力来纠正这些问题。此外，平等自愿原则的权衡也需要仔细考虑，因为它必须平衡个体的自由意愿与社会的整体利益。这可能会导致一些争议，需要法律和伦理道德来解决。

总之，平等自愿原则在法律实践中是不可或缺的，它不仅有助于确保公平和正义，还有助于保护个体的权益和自由。这一原则在合同法、刑法、劳动法和其他法律领域中都发挥着关键作用，为法治社会的建设提供了坚实基础。此外，社会各界需要不断努力，以确保平等自愿原则的全面应用，以维护社会的和谐、稳定和公平。

（四）全球视野下的平等自愿原则

全球视野下的平等自愿原则是一个具有全球性影响的伦理和法律原则。这一原则不仅适用于单个国家的法律体系，还适用于国际关系、全球贸易、人权保护、全球社会正义等领域。在全球范围内，平等自愿原则扮演着至关重要的角色，为全球社会的稳定、公平和可持续发展奠定了坚实基础。下文将探讨全球视野下的平等自愿原则的重要性及其在不同领域的应用。

1. 国际合同法中的应用

在国际贸易和合同法中，平等自愿原则是确保公平和可持续全球贸易的关键，国际合同必须基于各方自愿的协议，没有任何形式的强迫或欺骗，这有助于维护国际贸易的透明性和信誉，鼓励国际经济合作。同时，平等自愿原则还涉及国际贸易中的不平等关系，有助于保护发展中国家的利益，防止剥削和不公平交易。

2. 国际法庭和国际刑法中的应用

在国际法庭和国际刑法中，平等自愿原则确保了公平的审判和刑事责任的追究。被告在国际法庭受审时应该是自愿的，他们有权获得公平审判和辩护。国际刑法也适用于个体的犯罪行为，强调罪犯应该自愿接受法律追究，而不受任何形式的强迫。

3. 国际人道法中的应用

国际人道法强调平等自愿原则，确保在冲突和战争中的人道援助和保护，它要求冲突各方尊重人权，保护平民免受不正当的伤害，并确保援助工作者可以独立开展人道援助工作，而不受威胁或干扰。这有助于减少冲突和战争的人道后果，保护全球范围内的受害者。

4. 国际合作与发展

全球视野下的平等自愿原则也适用于国际合作与发展，发达国家与发展中国家之间的合作应该基于平等自愿原则，以确保发展中国家的利益得到尊重，减少不平等和贫困。国际组织、国际援助和全球性发展目标都应该基于这一原则，以实现可持续发展的目标。

5. 全球政治与国际关系

在国际政治与国际关系领域，平等自愿原则是国家之间合作与和解的基础。国际关系应该基于国家之间的平等地位，遵守国际法和尊重国家的自主权利，这有助于维护国际和平与安全，防止冲突和战争的发生。

6. 全球环境保护

全球环境保护也需要平等自愿原则，国际协议和公约应该基于国家和全球社会的自愿参与，以共同应对气候变化、生物多样性损失、环境破坏等全球性问题。平等自愿原则鼓励全球社会采取集体行动，保护地球的未来。

7. 国际人权保护

国际人权组织和机构在推动平等自愿原则方面发挥了重要作用。它们监督各国履行人权承诺，揭示和纠正侵犯人权的行为，同时也支持弱势群体和受害者的权益。这有助于推动全球范围内的人权保护和社会正义。

全球视野下的平等自愿原则是维护全球社会稳定、公平和可持续发展的关键要素。它适用于国际合同法、国际刑法、国际人道法、国际发展合作、国际政治与国际关系、全球环境保护、国际人权保护等多个领域，为全球社会提供了法律和伦理的基础。

通过遵循平等自愿原则，国际社会能够建立更加公平、公正和包容的全球秩序。这有助于解决全球性问题，如气候变化、贫困、冲突和人权侵犯，为全球社会带来持久的和平与繁荣。

然而，全球视野下的平等自愿原则也面临挑战，如国际关系中的不平等、国际法的弱化和全球性问题的复杂性。国际社会需要不断努力，以确保这一原则得到全面应用，并不断改进国际法律体系，以更好地满足不断变化的全球挑战。

总之，全球视野下的平等自愿原则是国际社会的法律和伦理基础，为维护全球社会的公平、公正与和平提供了支持。它应该得到国家和国际组织的共同尊重和遵守，以推动全球社会的进步和繁荣。通过坚守这一原则，国际社会可以共同努力，实现更加公平和可持续的未来。

（五）挑战与应对

平等自愿原则是法律和伦理领域的支柱之一，强调在法律关系中各方应当在平等地位下自愿选择。这一原则的重要性体现在法律正义、个体尊严的保护、自由意愿的尊重、合同和交易的有效性、社会公平的实现等方面。在全球视野下，平等自愿原则在国际贸易、国际人权、全球劳工权益、商业伦理等领域发挥着关键作用。

然而，平等自愿原则在实践中也面临一些挑战，包括信息不对称、权力不平等、文化差异和新兴技术带来的隐私问题。法律体系需要不断更新和完善，以适应社会的变化和新兴问题的涌现。

1. 信息不对称

信息不对称可能导致一方在合同和交易中处于不利地位，为了应对这一挑战，法律体系需要提供透明度和信息披露的规定，确保各方能够在知情的基础上作出自愿选择。

2. 权力不平等

社会和经济地位的不平等可能导致权力不平等，影响个体在法律关系中的自由意愿。法律体系应当致力于减少社会不平等，以确保每个人都能在平等地位下自主选择。

3. 文化差异

文化差异可能影响对平等和自愿的理解。在全球视野下，法律体系需要灵活应对各种文化差异，确保法律原则的普适性和适应性。

4. 新兴技术和隐私问题

新兴技术的应用可能影响个体的自由意愿，特别是在数据隐私方面。法律体系需要及时更新法规，以应对数字化时代对平等自愿原则的新挑战。

综合而言，平等自愿原则在法律和伦理领域的地位不可替代。通过坚守这一原则，法律体系能够为社会创造一个公正、平等、自由的环境，为个体的权益和社会的稳定提供了有力的支持。

三、保护弱势群体原则

在法律和社会伦理中，保护弱势群体原则是一项基础性的准则，旨在确保社会中弱势群体的权益得到充分保障，避免其在法律、经济和社会体系中受到不公平对待。这一原则反映了法治社会的基本价值观，强调法律与社会的道义担当。下文将深入研究保护弱势群体原则的概念、重要性，以及在法律和社会实践中的具体应用。

（一）保护弱势群体原则的概念

在现代社会中，保护弱势群体原则被视为一个关键的伦理和政治原则。这一原则的核心思想是：社会应该采取措施来保护那些因各种原因而处于劣势地位的人群，以确保他们享有基本权利和平等的机会。弱势群体通常包括贫困人口、残疾人、少数民族、性别不平等受害者、难民、儿童等。

1. 弱势群体的定义

弱势群体的定义根据上下文和国家的不同而有所不同。然而，一般来说，弱势群体通常指的是那些在社会、政治和经济方面处于不利地位的人们，以下是一些常见的弱势群体。

① 贫困人口：贫困是一种世界各地普遍存在的现象，贫困人口通常缺乏基本的生活需求，如食物、住所、医疗和教育。

② 残疾人：残疾人可能面临身体或认知上的挑战，需要额外的支持和保护，以确保他们能够参与社会生活。

③ 少数民族：少数民族通常在国家或地区中占少数，他们可能面临文

化冲突、歧视和政治排斥。

④ 性别不平等受害者：这包括妇女、性别少数群体及那些受到性别歧视、暴力和剥削的人。

⑤ 难民：难民通常由于战争、迫害或自然灾害而被迫离开他们的国家，需要国际社会的支持和庇护。

⑥ 儿童：儿童是社会中最脆弱的群体之一，需要额外的保护和照顾以确保他们的权利和利益得到尊重。

2. 保护弱势群体的伦理和道德基础

保护弱势群体的伦理和道德基础源于一系列关键理念，具体包括以下四种。

① 平等原则：保护弱势群体原则强调每个人都应该在社会和法律面前被平等对待，这是人权和公平的核心价值观，旨在消除社会不平等和歧视。

② 尊重尊严：保护弱势群体就是尊重每个人的尊严和人格，这意味着对每个人的生活、自由和安全的尊重，而不受其种族、宗教、性别、性取向、残疾或其他特征的影响。

③ 社会正义：这一原则与社会正义紧密相关，旨在确保资源和机会在社会中更公平地分配，以减轻贫困和不平等，社会正义被视为对弱势群体的正义回应。

④ 福祉提升：保护弱势群体有助于提高整个社会的福祉，通过帮助弱势群体脱离困境，可以促进经济、社会和文化繁荣。

3. 保护弱势群体的政策和措施

为了实施保护弱势群体的原则，政府和社会组织通常采取一系列政策和措施，以下是一些例子。

① 反歧视法：许多国家制定了反歧视法，以确保个体不会因其性别、种族、宗教、性取向、年龄等特征而受到不公平待遇。

② 社会福利计划：社会福利计划旨在为贫困人口、残疾人和其他需要帮助的人们提供所需的基本支持，包括食物、住房、医疗保健和教育。

③ 教育机会平等：确保每个孩子都有平等的教育机会，无论其社会背景或其他特征如何。

④ 性别平等措施：推动性别平等，包括促进妇女在政治、经济和社会领域的平等参与，以及预防和处理性别暴力。

⑤ 庇护和难民支持：为难民提供庇护、保护和支持，确保他们的基本权利得到尊重。

⑥ 残疾人支持和辅助技术：提供残疾人所需的支持、辅助技术和无障碍设施，以便他们能够更好地融入社会和实现自己的潜力。

⑦ 社会重新融合：这包括帮助前囚犯、无家可归者和其他边缘化人群重新融入社会，提供培训、就业机会和心理支持。

⑧ 文化和语言保护：保护少数民族的文化和语言，以确保它们不会被边缘化或消失。

⑨ 儿童权利法：实施儿童权利法，确保儿童得到保护、教育和家庭支持，同时防止虐待和剥削。

这些政策和措施在不同国家和地区及在不同弱势群体之间会有所不同，但它们都旨在确保每个人都能享有平等的机会和基本权利，无论其背景或特征如何。

（二）保护弱势群体原则的重要性

在现代社会，保护弱势群体的原则被视为道德、伦理和政治层面的关键原则。

1. 社会正义的根本原则

保护弱势群体的原则与社会正义紧密相连，社会正义是一个基本的道德原则，它关注的是资源和机会的公平分配，以减少贫困和不平等。保护弱势群体的重要性在于，这一原则有助于减少社会中存在的不公平，确保每个人都有平等的机会，无论他们出生在什么环境中。通过促进社会正义，保护弱势群体的原则有助于实现更加公平和平等的社会。

2. 尊重每个人的尊严

保护弱势群体的原则背后的伦理基础是尊重每个人的尊严，尊严是每个人的基本权利，与其种族、宗教、性别、性取向、残疾或其他特征无关。这一原则要求社会对每个人的生活、自由和安全表示尊重，而不会将他们边缘化、歧视他们或剥夺他们的权利。保护弱势群体的原则强调，每个人都应该受到平等对待，无论他们的背景如何，这是对尊严的最基本的尊重。

3. 消除不平等和歧视

保护弱势群体的原则有助于减少社会中的不平等和歧视，不平等和歧视是世界各地都存在的问题，它们通常影响那些处于劣势地位的人们。这些不平等和歧视可能包括性别不平等、种族歧视、性取向歧视、身体和认知能力方面的歧视等。通过采取措施来保护弱势群体，社会可以努力减少这些不平等和歧视，以创造一个更加包容和平等的环境。

4. 促进社会稳定和和谐

保护弱势群体有助于促进社会的稳定与和谐，当人们感到自己的权利受到尊重时，他们更有可能参与社会活动，为社会的繁荣作出贡献；相反，如果人们的权利受到侵犯，他们可能感到愤怒、不满和不安，这可能导致社会不稳定。通过保护弱势群体，社会可以维持更加和谐的社会关系，减少社会冲突和紧张局势的发生。

5. 促进经济繁荣

保护弱势群体原则不仅有助于社会稳定，还有助于经济繁荣。弱势群体通常处于贫困或较低的经济地位，因此提供支持和机会可以帮助他们脱离贫困并积极参与经济活动。这不仅有助于改善他们的生活质量，还有助于提高国家的生产力，促进经济增长。保护弱势群体意味着潜在的人才和劳动力不会被浪费，从而为整个社会带来经济利益。

6. 实现可持续发展目标

SDGs 明确强调了保护弱势群体的重要性。这些目标旨在减少全球贫困、不平等和社会不公正，从而实现全球可持续发展。通过确保弱势群体的权利和需求得到满足，可持续发展目标可以更容易实现，因为这些群体通常最容易受到全球性问题（如气候变化、流行病和经济不稳定）的影响。

保护弱势群体原则是一个基本的道德和伦理原则，有助于确保每个人都能享有平等的机会、基本权利和尊严。这一原则不仅有助于消除不平等、减少社会冲突，还有助于促进经济繁荣和实现可持续发展目标。然而，实施保护弱势群体的原则并不容易，因为面临各种挑战，包括资源限制、文化障碍、政治反对、社会偏见和全球性问题。

尽管挑战存在，但不能忽视保护弱势群体原则的重要性。它代表了一个更加公正、平等和人道的社会，一个更加和谐与繁荣的社会。政府、社会组织和国际社会要共同努力，以确保每个人都能生活在一个受尊重和充满关爱的社会中，无论他们的背景如何。这不仅是一项伦理义务，也是实现可持续和繁荣的社会的关键一环。

（三）保护弱势群体原则在法律实践中的应用

保护弱势群体原则在法律实践中的应用，旨在确保每个人都能享有平等的权利和机会，无论其背景、特征或处境如何，以下是保护弱势群体原则在法律实践中的一些常见应用。

① 反歧视法律中的应用：反歧视法律是保护弱势群体的关键工具，这些法律禁止基于性别、种族、宗教、性取向、残疾等因素的歧视，确保每个人在就业、住房、教育、公共服务等方面受到平等对待。例如，美国的《民权法案》和欧洲的《欧洲人权公约》都禁止歧视。

② 平等机会法律中的应用：平等机会法律旨在确保每个人都有平等的机会获得教育、就业和其他资源，这些法律通常包括对工作场所歧视的严格规定，要求雇主提供合理的适应措施，以确保残疾人也能参与工作。

③ 儿童权利保护法律中的应用：儿童权利保护法律旨在保护儿童免受虐待、剥削和忽视，这些法律规定了儿童的权利，包括生存权、发展权、保护权和参与权。联合国《儿童权利公约》是一个典型的例子，它要求各国制

定法律，确保儿童得到适当的照顾和教育。

④ 性别平等法律中的应用：性别平等法律旨在消除性别不平等和歧视，这些法律包括性别工资平等法、性骚扰法和家庭假期法，以确保妇女和男性在工作和社会生活中受到平等对待，例如，美国的《平等工资法》旨在确保男女同工同酬。

⑤ 少数民族权利保护法律中的应用：这些法律旨在保护少数民族的权利，包括文化和语言权利，通常涉及土地权、文化保护和政治参与，例如，加拿大的《印第安人法》规定了对原住民的权利和福祉的保护。

⑥ 残疾人权利保护法律中的应用：残疾人权利法律要求政府和机构提供无障碍环境，确保残疾人能够享有平等权利，这包括提供无障碍设施、辅助技术和合理适应措施。例如，美国的《残疾人权利法》要求提供无障碍设施，以确保残疾人能够融入社会。

⑦ 难民和庇护法律应用：这些法律规定了对难民和庇护申请人的保护和权利，规定了如何处理难民申请，以确保那些逃离战争、迫害和暴力的人能够得到国际保护。

⑧ 家庭和儿童保护法律应用：这些法律涉及家庭权利和儿童权利，包括离婚、抚养权、家庭暴力和婚姻法，旨在确保家庭成员的权益得到尊重和保护。

这些法律和法规是国家和国际社会用来保护弱势群体的有力工具，旨在确保每个人都能享有平等的权利和机会，无论其特征如何。然而，法律只是实施保护弱势群体原则的一部分、需要与政策、教育和社会意识一起工作，以确保真正实现平等和公正。

（四）全球视野下的保护弱势群体原则

全球视野下的保护弱势群体原则具有重要性，因为弱势群体面临的挑战和问题通常跨越国界，涉及全球性问题。

① 难民和庇护政策：全球视野下的保护弱势群体原则包括为难民和庇护寻求者提供国际保护，国际法律和公约规定了国际社会对难民的法律责任。这些法律要求国家为那些因战争、迫害和自然灾害而无法在自己的国家安全生活的人提供保护。

② 儿童权利：联合国儿童权利公约强调了全球视野下的儿童权利，它规定了儿童的基本权利，包括生存权、发展权、保护权和参与权，国际社会有责任确保儿童在全球范围内受到这些权利的保护。

③ 性别平等和性别暴力：全球性别平等原则涵盖了保护妇女、女童和性别少数群体的权益，联合国及国际倡导机构的工作旨在消除性别不平等和性别暴力，以确保妇女和性别少数群体在全球范围内得到平等对待。

④ 消除种族歧视：国际社会积极推动消除种族歧视，联合国的《消除对妇女一切形式歧视公约》要求各国采取措施，确保各种种族和民族群体受到平等对待，无论他们所在国家如何。

⑤ SDGs：SDGs 也包括了保护弱势群体的原则，旨在减少全球贫困、不平等和社会不公正，通过改善医疗、教育、就业、社会保障等方面来提高弱势群体的生活质量。

⑥ 人道主义援助：全球视野下的保护弱势群体原则也包括提供人道主义援助，以满足那些受到冲突、自然灾害和危机影响的人们的需求。国际组织如联合国难民署（UNHCR）、国际红十字会、世界粮食计划署等提供紧急援助，以支持受影响的群体。

⑦ 全球教育权：确保全球范围内每个儿童和成年人都能获得教育是保护弱势群体原则的重要组成部分，教育是改善生活质量、减少贫困和不平等的关键。

全球视野下的保护弱势群体原则要求国际社会联合起来，协力应对全球性问题，包括难民危机、气候变化、全球卫生危机等，以确保弱势群体的权益和需求得到满足。国际合作、政策制定和法律执行在这方面起着关键作用，以确保全球范围内每个人都能享有平等的权利和机会。

（五）挑战与应对

1. 法律执行的挑战

尽管存在各种法律框架来保护弱势群体，但在一些地区，法律的执行可能面临挑战。对此，需要通过加强司法体系的独立性、提高社会对法治的认同度来解决。

2. 社会观念的改变

有时候，社会对弱势群体存在刻板印象和歧视。解决这一问题需要进行广泛的社会宣传和教育，倡导尊重和包容，促使社会观念的积极转变。

3. 资源分配的不均衡

保护弱势群体需要相应的资源支持，但在一些地区，资源分配可能存在不均衡。政府和国际组织应当致力于确保资源的合理分配，以满足弱势群体的基本需求。

4. 全球合作的不足

一些问题跨越国界，需要全球范围内的合作。当前全球合作的不足可能导致无法有效应对一些全球性挑战，如气候变化、流行病等。

保护弱势群体原则是法治社会不可或缺的组成部分。这一原则的重要性体现在社会公正的建设、法治社会的构建、社会稳定的维护、人权和尊严的捍卫、社会包容的推动力等方面。

在法律实践中，保护弱势群体的原则得到了广泛应用，包括平等机会法、反歧视法、残疾人权利法、儿童权利法等。这些法律框架在确保弱势群体权益得到保护的同时，也为社会的平等和包容奠定了基础。

在全球视野下，国际劳工组织标准、难民保护、全球卫生倡议等体现了国际社会对保护弱势群体的共同努力。然而，保护弱势群体仍然面临法律执行、社会观念、资源分配、全球合作等方面的挑战，需要各方共同努力以取得更为显著的成果。

综合而言，保护弱势群体原则是法治社会的价值基石之一，通过法律和社会实践的不懈努力，可以期待一个更加公正、平等和包容的未来。

第四节　劳动合同法的实施机制

一、劳动合同的签订与解除

劳动合同是雇主和雇员之间的一种关键的法律文件，规定了雇佣关系的各种条件和权利义务。合同的签订和解除过程直接关系到雇佣双方的权益和职业生涯。

（一）劳动合同签订的法律框架

1. 签订主体

劳动合同的签订主体是雇主和雇员。在签订劳动合同时，双方应当是自愿、平等的。雇主应提供明确的职位描述、薪资福利等信息，而雇员则应提供真实的个人信息，并在合同中明确了解和同意雇佣条件。

2. 劳动合同内容

合同内容应明确、具体，包括但不限于工作职责、工资、工作时间、福利待遇、双方权利义务等。一份良好的劳动合同应该能够保护雇佣双方的权益，减少潜在的纠纷。

3. 法定要素

不同国家对劳动合同的法定要素有所不同，但通常包括雇佣期限、工作内容、工资待遇、工作时间、休息休假、社会保险等，法定要素的存在有助于确保雇佣关系的合法性和合规性。

4. 合同签订的程序

劳动合同签订的程序通常需要遵循一定的法定程序，这可能包括书面形式的要求、见证人的存在等，合同签订的过程应当是公开、透明的，以避免后续的法律争议。

5. 合同变更与补充

在雇佣关系中，合同的变更与补充可能是必要的。在这种情况下，双方需要达成一致并进行书面记录。变更和补充的过程也需要遵循法定程序，以确保合同的合法性。

（二）劳动合同签订的关键原则

1. 自愿和平等原则

劳动合同的签订应基于雇佣双方的自愿和平等，雇员不应受到强迫，合同条件应该合理平等。

2. 信息透明原则

雇主在签订合同前应提供充分的信息，包括但不限于工作职责、薪资待遇、工作时间、福利等，雇员有权了解所有与雇佣关系相关的信息。

3. 合同一致性原则

合同中的各项条件应当一致，避免出现矛盾或引起争议，一致性原则有助于降低后续法律纠纷的可能性。

4. 法定最低保障原则

合同中的条件不得低于法定最低标准，法定最低工资、最低工时、最低休息日等法定标准是雇员的最低保障，合同中的相关条件不得低于这些标准。

5. 合同的清晰明了原则

劳动合同的文字应当清晰明了，避免使用模糊或歧义的措辞。清晰的合同文字有助于双方明确各自的权利义务，减少后续争议。

（三）劳动合同解除的法律框架

1. 解除主体

劳动合同的解除主体同样是雇主和雇员，解雇的权利通常是由雇主行使的，但在某些情况下，雇员也有权解除合同，如出现雇主违约的情况。

2. 合法解雇的条件

合法解雇通常需要满足一定的条件，这可能包括雇员的工作表现不佳、违反公司规定、经济原因等，合法解雇的条件在不同国家和地区可能存在差异。

3. 非法解雇的后果

非法解雇可能导致雇主赔偿雇员相关损失，并可能面临法律责任，因此，在解雇前，雇主应当仔细审查解雇的合法性，避免违反相关法律规定。

4. 法定通知期和赔偿

在一些情况下，雇主解雇雇员需要提前通知，并可能需要支付相应的赔偿。法定通知期和赔偿的标准在不同国家和地区可能存在差异。

5. 解雇程序的公正性

解雇程序应当是公正的，避免歧视、恶意解雇或违反程序规定。雇员在解雇过程中有权获得听证、申诉等程序的保障，以确保解雇的公正性。

6. 解雇的特殊情况

有些情况下，法律可能规定特殊的解雇程序，例如，对于长期病假的雇员，可能需要遵循特殊的程序，确保雇员的权益得到妥善保护。

7. 劳动争议解决

当劳动合同解除引发争议时，双方可以通过劳动争议解决机构或法律程序来解决争端。一些国家设立了专门的劳动争议调解机构，帮助雇主和雇员解决纠纷。

（四）劳动合同签订与解除的实践指南

1. 建议雇主

① 在签订合同时提供充分的信息，确保雇员了解雇佣条件。

② 定期评估雇员的工作表现，及时提供反馈，确保雇员知晓工作标准。

③ 遵循法定程序，如提前通知、提供合理的解雇理由等。

④ 在解雇前仔细审查法律规定，避免非法解雇的风险。

⑤ 提供合适的解雇赔偿，尽量减少雇员因解雇而遭受的经济损失。

2. 建议雇员

① 在签订合同时仔细阅读合同，确保理解其中的所有条款。

② 对于合同中不清晰的地方，及时向雇主提出疑问，并在有需要的情况下寻求法律咨询。

③ 在工作中保持良好的表现，避免因工作不善而被解雇。

④ 在解雇发生时，了解自己的权利，如法定通知期、解雇赔偿等。

⑤ 在有争议的情况下，寻求专业法律咨询或通过劳动争议解决机构解决争端。

（五）全球视野下的劳动合同管理

1. 国际劳工标准

ILO 发布的劳工标准为全球范围内的劳动合同管理提供了指导，这些标准涵盖了雇佣关系的各个方面，包括合同签订、解雇程序、工时、工资等。

2. 全球企业社会责任

跨国企业应当遵循全球企业社会责任的原则，确保全球范围内的员工享有公正的雇佣条件和权益，这包括合同的签订和解雇程序的合法性。

3. 全球移动劳动力

全球化时代，劳动力的流动性增加。对于全球移动劳动力，雇主应当遵循国际标准，确保签订合同和解雇程序符合跨国法律的要求。

（六）挑战与展望

1. 跨国法律差异

全球化背景下，不同国家和地区的法律差异可能导致合同签订和解雇程序的复杂性，企业需要了解并遵守各国的法律标准。

2. 人工智能和自动化

随着人工智能和自动化技术的发展，一些传统的雇佣模式可能发生改变，这可能给合同签订和解雇程序带来了新的问题，需要及时更新法律框架。

3. 灵活就业模式

灵活的就业模式，如远程工作、零时工作等，对于劳动合同管理提出了新的挑战，法律框架需要适应这些新兴的雇佣形式。

4. 强调员工福祉

现代企业越来越强调员工的福祉和工作环境，法律框架需要更多关注员工的权益和福利，以实现雇佣关系的可持续性。

劳动合同的签订与解除是雇佣关系中至关重要的环节，法律框架的明确性和实践中的合规性直接影响着雇主和雇员的权益。在全球化和科技进步的大背景下，合同管理面临新的机遇和挑战。

通过遵循法律框架、强调签订合同的原则和程序、关注全球化趋势及注重员工福祉，可以更好地应对劳动合同管理的复杂性。雇主和雇员应当充分了解自己的权利和责任，寻求专业的法律咨询，以确保雇佣关系的合法性和合理性。在实践中，建议雇主提供充分的信息、评估雇员表现、遵循法定程序，并在解雇时考虑赔偿方式，以降低法律纠纷的风险。雇员则应仔细阅读合同、保持良好表现、了解自己的权利，并在有争议时寻求法律援助。

随着全球化的深入，企业要更加关注跨国法律差异、全球企业社会责任等因素，以确保合同签订和解雇程序的全球合规性。此外，面对新技术和灵活的就业模式，法律框架需要及时更新，以适应不断变化的劳动力市场。

综合而言，劳动合同的签订与解除是雇佣关系中的重要组成部分，它不仅影响着雇主和雇员的个体利益，也关系到整个社会的稳定和可持续发展。通过合法、公正、透明的劳动合同管理，可以建立和谐的雇佣关系，促进社会的共同繁荣。在未来，随着法律环境和劳动力市场的变化，劳动合同管理将不断演变，需要各方共同努力，以推动雇佣关系的良性发展。

二、劳动争议解决机制

劳动争议是雇佣关系中不可避免的一部分，它可能涉及工资纠纷、解雇争议、工时问题等多个方面。为了有效解决这些争议，各国都建立了一系列劳动争议解决机制。

（一）劳动争议解决机制的法律框架

1. 国家劳动法律体系

每个国家都有其独特的劳动法律体系，用于规范劳动关系、保护雇员权益，并规定解决劳动争议的程序，这些法律体系通常包括劳动法、仲裁法等。

2. 劳动法院和仲裁机构

许多国家设有专门的劳动法院或劳动仲裁机构，负责处理劳动争议，这些机构通常有专业的法官或仲裁员，通过法律程序解决雇佣关系中的纠纷。

3. 行业劳动协调机构

在某些情况下，行业劳动协调机构也会参与劳动争议的解决，这些机构通常由雇主和雇员代表组成，通过谈判和协商解决争端。

4. 劳动调解机构

劳动调解机构通过调解的方式解决劳动争议，调解员会协助雇主和雇员之间的谈判，帮助双方达成争议解决方案。

5. 法定仲裁和调解

在一些国家，法律规定在某些特定情况下，雇佣双方必须通过法定的仲裁或调解程序解决争议，这样的程序通常具有法律约束力。

（二）劳动争议解决机制的关键原则

1. 及时性

劳动争议解决应当及时进行，以防止争议的进一步升级，法定的时间限制有助于确保解决机制的效率。

2. 公正性和中立性

解决机制应当确保公正和中立，不偏袒雇主或雇员任何一方，法官、仲裁员或调解员的中立性是保障公正解决争议的基础。

3. 法律依据

解决机制应当基于明确的法律依据，包括国家的劳动法律、雇佣合同、行业协议等，法律依据的明确性有助于保障解决程序的合法性。

4. 自愿性

在解决劳动争议时，参与双方应当是自愿的，任何一方不应受到强迫，都有权选择解决方式，包括法院诉讼、仲裁、调解等。

5. 保密性

解决机制通常应当保持争议解决过程的保密性，这有助于双方更加坦诚地参与解决过程，同时保护他们的商业和个人隐私。

（三）劳动争议解决机制的实践指南

1. 给雇主的建议

① 建立内部解决机制：雇主可以建立内部的劳动争议解决机制，通过公司内部的调解或仲裁帮助解决争议，减少法律纠纷的可能性。

② 及时回应：对于雇员提出的问题和不满，雇主应该及时回应，采取积极的态度解决，避免问题升级为争议。

③ 合同中明确解决机制：在雇佣合同中明确规定劳动争议解决的程序，为双方提供明确的法律依据。

2. 给雇员的建议

① 保留证据：如果雇员认为受到不公正对待，保留相关证据对解决争议是非常重要的，相关证据包括工资单、工作时间记录、公司通知等。

② 咨询法律意见：在涉及法律程序之前，尽早咨询专业的劳动法律顾问可以帮助雇员更好地了解自己的权利和选择最合适的解决途径。

3. 共同建议

① 协商解决：在劳动争议发生初期，双方可尝试通过协商达成解决方

案，比如直接谈判或借助专业的调解员。

② 法定解决程序：如果协商未能解决争议，双方应当了解并遵循法定的解决程序，这可能涉及法院诉讼、仲裁和调解。

③ 仲裁的优势：选择仲裁有时比法院诉讼更为迅速和经济，仲裁通常更加灵活，双方有更多的自主权，同时结果也有法律约束力。

（四）全球视野下的劳动争议解决

1. 国际劳工组织（ILO）

ILO 制定了一系列国际劳工标准，鼓励各国建立有效的劳动争议解决机制，以确保劳工的权益得到保护。

2. 国际仲裁

对于跨国公司和跨国雇员之间的劳动争议，国际仲裁是一种常见的解决途径。国际仲裁机构提供了独立、中立的仲裁服务。

3. 全球企业社会责任

跨国公司在全球范围内必须遵守不同国家的法律，同时也面临着不同文化和劳动力市场的挑战。全球企业社会责任要求这些企业在全球范围内建立公正的雇佣关系和争议解决机制。

4. 全球化的劳动力市场

随着全球化的推进，越来越多的人在国际范围内工作。因此，建立全球视野下的劳动争议解决机制显得尤为重要，以确保国际雇员在异国他乡的权益得到保护。

（五）劳动争议解决机制的挑战与展望

1. 法律体系的差异

在全球范围内，不同国家和地区的法律体系存在差异，这可能导致在跨国雇佣关系中的争议解决变得复杂，跨国公司需要了解和遵守不同国家的法律标准。

2. 在线劳动力市场的挑战

随着在线劳动力市场的兴起，越来越多的人在虚拟空间中工作，这对解决在线劳动争议提出了新的挑战，需要适应数字时代的解决机制。

3. 文化差异

全球化意味着跨文化的劳动关系增多，文化差异可能影响解决机制的有效性，解决机制需要考虑不同文化背景下的沟通和谈判方式。

4. 劳动力市场的不断变化

新兴的雇佣形式、自由职业者的增加等都在改变劳动力市场的面貌。劳动争议解决机制需要不断调整和创新，以适应这些变化。

5. 可持续发展

在劳动争议解决中，可持续发展的理念也变得越来越重要。解决机制需要促进雇佣关系的可持续性，同时考虑社会、环境和经济的平衡。

劳动争议解决机制是维护雇佣关系稳定和雇员权益的关键环节。在国家和国际层面，建立有效的解决机制有助于降低争议的可能性，维护劳动力市场的公平和公正。

在实践中，雇主和雇员都应当充分了解自己的权利和责任，积极参与解决过程。建立内部解决机制、及时回应问题、保留证据、协商解决都是有效的实践方法。在全球化的劳动力市场中，企业要关注国际劳工标准和企业社会责任，构建更为可持续的雇佣关系。

随着时代的发展，劳动争议解决机制将面临新的挑战，但也有望通过法律创新和技术进步取得更大的进展。通过各方的共同努力，可以期待未来更加公正、高效的劳动争议解决体系的建立。

三、劳动监察与法律责任

（一）概述

劳动监察是维护劳动者合法权益、促进劳动关系健康发展的重要机制之一。通过对雇主的用工行为进行监督检查，劳动监察机构能够及时发现和纠正违法行为，确保劳动者的基本权益得到保障。

（二）劳动监察的法律框架

1. 国家劳动法律体系

每个国家都有其独立的国家劳动法律体系，其中包括有关劳动监察的法律法规。这些法规通常规定了劳动监察的机构设置、职责、权限等方面的基本框架。

2. 劳动监察机构

国家劳动监察机构是劳动监察的主体，负责对用人单位的用工行为进行监察。这些机构通常设有专门的监察人员，负责实地检查、调查和处理与劳动法有关的问题。

3. 监察职责

劳动监察的主要职责包括但不限于以下四个方面。

① 监督用人单位是否遵守国家的劳动法律法规。

② 调查和处理违法用工行为，包括非法雇佣、拖欠工资、违反工时规定等。

③ 提供法律咨询，帮助雇主了解和遵守法律规定。

④ 通过定期检查和突击检查，防范和打击非法用工行为。

4. 法定程序

劳动监察通常需要遵循一定的法定程序，包括但不限于以下四个方面。

① 提前通知用人单位，说明监察的目的和内容。

② 实地检查和调查，收集证据。

③ 出具监察报告，并要求用人单位整改。

④ 根据情况，可以对违法用工行为进行处罚，包括罚款、责令停产停业等。

（三）劳动监察的关键原则

1. 法律合规原则

劳动监察的核心原则是确保用人单位的用工行为符合国家的劳动法律法规。监察机构要求用人单位遵循合同制度、支付合法工资、保障工作环境安全等。

2. 平等公正原则

监察机构在履行职责时应当平等对待所有用人单位，不论其规模大小。用人单位在接受监察时，享有平等的法律地位，监察机构不得歧视或偏袒任何一方。

3. 及时性原则

监察应当具有及时性，能够快速响应举报或发现问题。面对劳动者权益受到侵害，监察机构应当迅速采取行动，确保问题得到及时解决。

4. 公开透明原则

监察机构的工作应当公开透明，让社会公众了解监察的过程和结果。公开透明有助于建立监察的公信力，增强其监督作用。

5. 法定程序原则

监察机构在实施监察时，应当遵循法定程序，确保监察的合法性和程序的公正性，这包括提前通知、实地检查、听取相关当事人的陈述等程序要素。

（四）违法行为的法律责任

1. 罚款处罚

对于违反劳动法律法规的用人单位，监察机构可以根据违法情节轻重，对其进行罚款处罚。罚款的数额通常根据违法行为的性质、次数等进行确定。

2. 责令整改

监察机构可以责令用人单位立即整改违法行为，确保其在法定期限内完成整改。整改内容通常包括支付拖欠工资、调整工作时间、改善工作环境等。

3. 公示曝光

一些国家的监察机构会将违法用人单位的信息公示，对其违法行为进行曝光。这有助于形成舆论监督，提高用人单位遵守法律法规的意识，同时也对社会公众起到警示作用。

4. 行政拘留

在一些情况下，严重违法的用人单位的负责人可能会面临行政拘留的处罚。这通常是对于严重侵犯劳动法规、屡教不改的情况的一种强制性惩罚手段。

5. 吊销经营许可证

对于某些严重违法的用人单位，尤其是在涉及重大安全事故、严重侵害员工权益的情况下，监察机构有权吊销其经营许可证，迫使其停业整顿。

6. 刑事责任

在极端情况下，涉及刑事犯罪的用人单位负责人可能会面临刑事责任的追究，包括但不限于拘留、罚款等。

（五）劳动监察与法律责任的实践指南

1. 给雇主的合规建议

① 建立内部监察机制：雇主可以在企业内部建立监察机制，定期自查用工合规性，及时纠正可能存在的问题。

② 加强员工培训：对雇员进行劳动法法规的培训，使其了解自己的权益和应尽的义务，有助于避免因不了解法规而发生的违法行为。

③ 及时整改：如果监察机构发现问题并要求整改，雇主应该及时采取

措施，确保问题得到妥善解决。

2. 给员工的合法维权建议

① 了解权益：雇员应当了解自己的权益，包括工资标准、工作时间、休息休假等方面的权益，有关权益的疑问可咨询劳动监察机构或法律专业人士。

② 保留证据：如果雇员认为自己的权益受到侵害，应及时保留相关证据，如工资单、工作记录等，以便在维权过程中有力地支持自己的主张。

③ 依法维权：如果发现用人单位存在违法行为，雇员有权向劳动监察机构投诉，同时可以通过法律手段维护自己的权益。

3. 给监察机构的工作建议

① 加强宣传教育：通过多种途径，加强对劳动法规的宣传教育，提高用人单位和雇员对法规的认识。

② 定期检查：定期进行监察检查，有针对性地查找和纠正可能存在的问题，确保用人单位合法合规经营。

③ 加强协作：与其他相关管理机构、工会等建立协作机制，共同推动劳动关系的健康发展。

（六）全球视野下的劳动监察

1. 国际合作

在全球化时代，国际合作显得尤为重要，各国监察机构可以加强信息共享、经验交流，共同应对跨国企业可能存在的用工问题，共同推动全球劳动力市场的合法合规发展。

2. 国际标准与承诺

全球企业应当遵守 ILO 制定的劳工标准，并承担社会责任，确保其在各个国家的用工行为符合国际法律法规。

3. 全球企业社会责任

跨国企业应当将劳动监察与全球企业社会责任相结合，通过建立透明的用工机制、合理的薪酬制度、良好的工作环境等方式，履行其社会责任，确保在全球范围内的员工权益。

（七）劳动监察的挑战与展望

1. 法律差异与多样性

在国际化背景下，各国法律差异和法规的多样性给跨国企业的劳动监察带来了挑战，监察机构需要更好地理解和适应各国的法律环境。

2. 新型用工模式

新型用工模式的出现，如远程办公、平台工作等，给监察工作带来新的难题。监察机构需要灵活应对这些新的用工形式，确保其合法性。

3. 信息技术的应用

信息技术的发展为劳动监察提供了新的手段，如大数据分析、智能监测等技术的应用，可以提高监察的效率和准确性。

4. 公众参与

公众对于用工环境和权益的关注不断增加，监察机构需要更主动地与公众互动，增强公众对于劳动监察的信任感。通过建立公众参与机制，监察机构可以更好地借助社会的力量来推动监察工作。

5. 可持续发展

劳动监察需要更多地注重可持续发展的理念，不仅是解决当前的问题，还要考虑社会、环境和经济的可持续性问题。监察工作应当促使用人单位建立健康的雇佣关系，推动社会的可持续发展。

6. 全球视野与合作

随着全球化的深入，各国监察机构需要更加密切地合作，形成更加高效的全球监察网络，这有助于共同应对跨国企业可能带来的用工问题，推动全球劳动力市场的良性发展。

劳动监察作为保障劳动者权益的关键机制，扮演着维护劳动关系平衡的角色。在法律框架、关键原则及法律责任的指导下，监察机构在实践中履行职责，维护社会的公正和稳定。

在未来，劳动监察将面临更多的挑战，需要更加灵活、创新的方法来应对不断变化的用工形式和全球化的劳动力市场。通过各方共同的努力，可以期待未来劳动监察机制更为完善，能够更好地适应新时代的劳动关系发展，为构建和谐、公正的劳动社会作出更大的贡献。

第五节　劳动合同法的相关法律体系

一、劳动争议解决法

劳动争议是劳动关系中不可避免的问题之一，随着社会经济的发展和劳动力市场的变化，劳动争议的种类和复杂性也在不断增加。为了维护劳动者的权益、促进社会和谐稳定，各国都建立了一套劳动争议解决机制。劳动争议解决法是其中的核心部分，旨在规范和指导在劳动关系中发生的争议如何公正、有效地解决。本节将对劳动争议解决法进行全面深入地探讨，包括其定义、原则、程序、实施、存在的问题等方面。

（一）劳动争议解决法的定义

劳动争议解决法是一套通过法定程序解决劳动争议的法律制度，它的出现旨在平衡雇主与雇员之间的权益，通过公正的裁决或调解，解决由于劳动关系引发的争端。在大多数国家，劳动争议解决法被纳入劳动法典或相关法规中，成为劳动法律体系的重要组成部分。

（二）劳动争议解决法的原则

① 公正公平原则：劳动争议解决法要求裁决或调解的过程公正、公平，确保双方在争议解决中都能得到平等对待。

② 和解原则：强调通过调解等和解方式解决争议，促使双方达成共识，避免长时间的诉讼过程。

③ 法定程序原则：规定了解决劳动争议的具体程序，包括起诉、审理、裁决等环节，以确保法定程序的规范性和可操作性。

④ 保护劳动者权益原则：侧重于保护劳动者的基本权益，包括工资、工时、劳动条件等，确保他们在劳动争议中有足够的维权空间。

⑤ 效率原则：追求解决劳动争议的高效性，减少争议解决的时间和成本，促进社会和谐稳定。

（三）劳动争议解决法的程序

① 申诉与调解：当劳动争议发生时，双方首先可以通过向劳动争议解决机构提出申诉来启动解决程序，在这个阶段，调解是常见的手段，调解员将协助双方寻找共同的解决方案。

② 仲裁程序：如果申诉和调解无法解决争议，双方可以选择进入仲裁程序，仲裁是一种法定的、有法律效力的解决办法，仲裁庭通过听证等方式作出裁决。

③ 法院诉讼：如果仲裁裁决无法满足一方或双方的要求，他们可以将争议带到法院，法院诉讼是最后的解决手段，法院将根据法律规定进行审理，并做出判决。

（四）劳动争议解决法的实施

① 建立专门机构：国家应建立专门的劳动争议解决机构，负责处理劳动争议。这些机构应具备专业性和独立性，以保障争议解决的公正性。

② 培养专业人才：劳动争议解决法的实施需要专业的仲裁员和调解员，国家应加强对这些专业人才的培养和管理，确保他们具备足够的法律和业务知识。

③ 宣传教育：加强对劳动者和雇主的法律宣传教育，提高他们对劳动争议解决法的认识和理解，促使他们能够更好地维护自己的权益。

④ 建立档案记录：对解决劳动争议的过程和结果进行详细地档案记录，以便于监督和评估解决效果，同时为今后类似争议提供参考。

（五）劳动争议解决法存在的问题

① 诉讼周期较长：一些国家的劳动争议解决法在实际执行中存在诉讼周期较长的问题，导致争议解决效率不高。

② 维权成本较高：一些劳动者在维护自己权益的过程中面临较高的成本，包括时间成本、金钱成本等，这可能限制了他们的维权意愿。

③ 法律适用不一：有时候，劳动争议解决法在具体案件中的适用存在一定的不确定性，这给争议解决带来了一定的难度。

④ 公平性难以保障：在一些情况下，由于法律制度的不健全或者执行不力，劳动争议解决的过程中可能存在公平性难以保障的问题。一方面，雇主可能通过强大的资源和信息优势来占据有利地位；另一方面，劳动者可能面临权益保护不足的问题。

⑤ 法规更新滞后：随着社会的发展和劳动关系的不断变化，劳动争议的形式和特点也在发生变化，但有时法规更新滞后，未能及时反映现实状况，导致劳动争议解决法的适用范围有限。

（六）劳动争议解决法的发展趋势

① 强调调解机制：越来越多的国家强调劳动争议解决中调解的重要性，通过引入更加灵活和高效的调解机制，促使双方达成和解，减少诉讼的需求。

② 注重在线解决：随着数字化和信息技术的发展，一些国家开始推行劳动争议在线解决的模式，通过网络平台提供在线调解服务，实现远程解决争议，提高解决效率。

③ 加强法律援助：为了解决劳动者维权成本高的问题，一些国家完善了法律援助制度，为经济困难的劳动者提供免费法律援助，确保他们能够平等地参与争议解决过程。

④ 完善监管机制：在劳动争议解决法的实施中，要加强对劳动争议解决机构和专业人才的监管，确保其独立性和公正性，提高解决效果。

劳动争议解决法作为维护劳动者权益、促进和谐劳动关系的法律制度，在不同国家既有一定的共性也有差异性，其核心原则包括公正公平、和解、法定程序、保护劳动者权益和效率。在实际实施中，劳动争议解决法面临一些问题，如诉讼周期长、维权成本高、公平性难以保障等。为了应对这些问题，各国不断探索创新，关注调解机制、在线解决、法律援助等方面的发展趋势，以提高劳动争议解决法的适应性和实效性。在未来的发展中，更加全面、灵活和高效的解决机制将成为劳动争议解决法发展的重要方向。

二、劳动保障监察法

劳动保障监察法是各国为了维护劳动者权益、确保劳动环境安全和促进劳动关系和谐而制定的一系列法规的总称。这一法律框架通过建立监察机构、规范监察程序和制定相应的法规，监管用人单位的行为，确保其遵守劳动法规，保障劳动者的合法权益。

（一）劳动保障监察法的背景

① 工业化和城市化进程：随着工业化和城市化的推进，劳动力市场日益庞大，劳动者的权益面临更为复杂的挑战，需要更加严格的监管机制。

② 社会变革和法治建设：在社会变革和法治建设的背景下，加强对用人单位的监察成为确保法治社会建设的一项重要任务。

③ 国际经济一体化：随着国际经济一体化的深入，各国对于劳动力的

竞争越发激烈，劳动者权益的保护成为维护社会和谐的必然选择。

（二）劳动保障监察法的内容

① 监察机构的建立：劳动保障监察法首先规定了专门的监察机构，负责执行监察职能，这些机构通常是由政府设立的，独立于用人单位和劳动者，以确保监察的客观性和公正性。

② 用人单位的义务：劳动保障监察法规定了用人单位在雇佣劳动者过程中的义务，包括合法用工、提供安全的工作环境、支付合理的工资等。

③ 劳动者的权益：劳动保障监察法强调保护劳动者的合法权益，包括但不限于工资、工时、劳动条件、社会保险等方面的权益。

④ 违法行为的处罚：为了加强对用人单位的监察，劳动保障监察法规定了一系列违法行为的处罚措施，确保违法者受到应有的法律制裁。

⑤ 监察程序：劳动保障监察法规定了监察的具体程序，包括巡视、检查、调查等环节，以确保监察工作的有序展开。

（三）劳动保障监察法的实施

① 建立监察机构：各国应当建立专门的劳动保障监察机构，确保其独立性和专业性，有效履行监察职能。

② 制定详细的法规：劳动保障监察法需要有配套的法规，明确用人单位的义务和劳动者的权益，为监察工作提供明确的依据。

③ 加强信息化建设：利用信息技术手段，建立用人单位的信息数据库，提高监察的效率和精准度。

④ 强化培训：对监察机构的工作人员进行专业培训，提高其法律水平和监察能力，确保监察工作的质量。

⑤ 加强与社会组织的合作：与社会组织、工会等建立合作机制，充分发挥社会监督的作用，促使监察工作更加公正、透明。

（四）劳动保障监察法存在的问题

① 执行力不足：一些国家的劳动保障监察法在实际执行中存在执行力不足的问题，监察机构的职能发挥不够。

② 处罚力度不够：部分国家的法律对于违法用人单位的处罚力度相对较小，未能形成足够的震慑效果。

③ 监察范围不清晰：有的劳动保障监察法对监察的范围定义不够明确，容易导致监察工作的盲区。

（五）劳动保障监察法的发展趋势

① 整合资源提高监察效率：越来越多的国家将不同领域的监察机构整合，形成跨部门的监察合作，提高监察效率。

② 强调信息化建设：随着信息技术的发展，越来越多的国家强调信息化建设，通过大数据分析等手段提高监察的精准度。

③ 强化社会监督：劳动保障监察法将更加注重社会监督的作用，通过与工会、社会组织等建立合作机制，增加监察的透明度和公正性。

④ 提升法律责任：为了强化对用人单位的监管，未来的劳动保障监察法可能会加大对违法行为的惩罚力度，包括加大罚款力度、提高刑事追究力度等。

⑤ 注重预防性监察：未来的发展趋势中，劳动保障监察法可能更加注重预防性监察，通过在用人单位建立完善的制度和流程，减少违法行为的发生。

⑥ 强调国际合作：随着全球的不断深入，劳动保障监察法可能强调国际合作，共同应对跨国企业在全球范围内可能引发的劳动争议和问题。

劳动保障监察法是维护劳动者权益、促进劳动关系和谐的法律体系的重要组成部分。通过建立监察机构、规范监察程序、制定法规等措施，劳动保障监察法有效监管用人单位的行为，确保劳动者在工作中能够享有基本的权益和保障。然而，在实际执行中，仍然存在一些问题，包括执行力不足、处罚力度不够、监察范围不清晰等。未来，劳动保障监察法的发展趋势将更加注重整合资源、信息化建设、社会监督、预防性监察等方面，以适应社会经济的发展和劳动关系的变化。通过不断完善和创新，劳动保障监察法将更好地发挥在维护劳动者权益、促进社会和谐方面的作用。

第二章　大学生就业的法律知识基础

第一节　大学生劳动权益的法律基础

一、大学生的劳动权益概述

随着社会的发展，大学生群体逐渐成为劳动市场的一部分，他们在求学期间积累了专业知识和技能，进入职场后需要获得合理的劳动权益。然而，由于经验相对不足、信息不对称等原因，大学生在职场中常常面临一些独特的劳动权益问题。

（一）大学生的基本劳动权益

① 平等招聘权：大学生有权在平等的条件下参与招聘，不受性别、种族、宗教等非职业相关因素的限制。

② 工资和福利权：大学生在工作中应当享有公平合理的工资待遇，包括基本工资、奖金、社会保险和其他福利待遇。

③ 工作环境与安全权：大学生有权在良好的工作环境中工作，受到必要的劳动保护，确保自己的安全和健康。

④ 工作时间与休息权：大学生有权依法享有合理的工作时间和休息权，不应被迫加班或者超时工作。

⑤ 职业发展权：大学生应当享有平等的职业发展权，有权参与培训、晋升和职业规划。

（二）大学生在职场中面临的挑战

① 信息不对称：大学生缺乏实际工作经验，往往对职场信息不够了解，容易受到用人单位的信息不对称的影响。

② 薪酬不透明：一些大学生在面临薪酬谈判时可能由于缺乏经验而对薪酬的合理性产生疑虑，而用人单位的薪酬体系也可能不够透明。

③ 职场歧视：部分用人单位可能存在对大学生年龄的歧视或者对他们缺乏实践经验的担忧，导致大学生在职场竞争中处于相对劣势。

④ 弱势地位：刚步入职场的大学生通常处于相对弱势的地位，在合同条款、权益保障等方面不够谨慎，自我保护意识不强。

（三）相关法律法规

劳动法是大多数国家劳动关系中的基本法规，规定了劳动者的基本权益，包括工资、工时、休息、安全保障等方面。除劳动法之外，还有以下法律保护劳动者权益。

① 就业促进法：该法律旨在促进就业，保障劳动者的合法权益，为大学生的就业、培训、职业指导等方面提供了法定支持。

② 反性骚扰法：针对职场中可能存在的性别歧视和性骚扰问题，我国制定了相关法规，确保职场的平等和尊重。

③ 社会保险法：为了保障劳动者的社会保险权益，一些国家颁布了社会保险法，规定了社会保险的范围和待遇标准。

（四）提升大学生劳动权益保障水平的途径

① 加强职业培训：提升大学生的职业素养和实际工作经验，加强相关职业培训，提高他们在职场中的竞争力。

② 推动薪酬透明：用人单位应当在招聘中提前明确薪酬待遇，避免给大学生造成薪酬不透明的困扰。

③ 建立劳动权益教育体系：学校和社会组织可以共同建立劳动权益教育体系，加强大学生对劳动法规的了解和学习。

④ 加强用人单位的法治意识：通过宣传教育和法律法规的强制执行，提高用人单位的法治意识，确保他们合法用工。

⑤ 建立劳动争议解决机制：建立高效的劳动争议解决机制，为大学生提供有效维权途径，促使用人单位更加重视劳动权益。

（五）未来展望

未来，随着社会的不断发展和大学生劳动力市场的变化，大学生的劳动权益问题将不断受到关注。国家和社会应进一步完善相关法律法规，加大对大学生劳动权益的保障力度，以下是对大学生劳动权益保障的未来展望。

① 数字化时代的劳动权益保障：随着数字化时代的到来，各国可能加强对在线劳动力市场和远程劳动的监管和法规制定，以确保大学生在新型就业模式下的权益得到充分保障。

② 职业规划与发展的支持：针对大学生群体，政府和企业可能加强对其职业规划与发展的支持，提供更多的培训机会、实习机会和职业咨询服务，帮助他们更好地融入职场。

③ 加大法治宣传：学校和社会组织可能加强针对大学生的法治宣传，提高他们对劳动法规和权益的认识，使他们具备更好的自我保护能力。

④ 强调性别平等：针对性别歧视和性骚扰问题，未来的法规可能更加强调性别平等，建立更为严格的法律框架，确保职场环境的尊重和平等。

⑤ 加大对用人单位的监管：政府可能提高对用人单位的监管力度，加大对其用工行为的检查和处罚力度，鼓励企业建立健全的人力资源管理制度，提高用人单位的法治意识。

⑥ 国际合作与交流：随着全球化的发展，各国可能加强国际合作，共同应对跨国企业可能引发的劳动权益问题，推动国际劳工标准的制定和执行。

⑦ 强化社会组织的作用：社会组织，特别是工会，可能在大学生劳动权益保障中发挥更为积极的作用，通过为大学生提供法律援助、举办培训等方式，促进权益保障水平的提升。

大学生的劳动权益保障是构建和谐社会的重要组成部分，也是社会公平正义的重要体现。在不断变化的社会环境中，政府、学校、用人单位和社会组织应共同努力，加强对大学生劳动权益的保障。通过建立健全的法律法规体系、加强宣传教育、提供培训机会等多方面的措施，可进一步提高大学生在职场中的议价能力，确保他们享有公正合理的劳动权益，促进社会和谐发展。

二、劳动法对大学生的特殊保护规定

劳动法作为维护劳动者权益、规范用人单位行为的法律体系，对不同群体的劳动者制定了一系列的保护规定。大学生作为初次踏入职场的群体，由于缺乏工作经验、面临职业生涯规划的不确定性等特殊情况，尤其需要劳动法的保护。

（一）大学生的就业现状及需求

① 就业压力：随着高校毕业生规模的不断扩大，大学生面临的就业压力逐渐增大，激烈的竞争使得他们在求职过程中更容易受到用人单位的不公平对待。

② 缺乏工作经验：大学生刚刚步入职场，通常缺乏实际工作经验，这使得他们在面试和工作中容易处于相对劣势，也增加了他们面临不良雇佣条件的风险。

③ 职业规划困难：由于职业生涯规划不够清晰，大学生可能更容易受到用人单位的安排和调配，而较难主动争取自己理想的职业岗位。

（二）劳动法对大学生的特殊保护规定

① 平等招聘原则：根据劳动法，用人单位在招聘过程中不得因性别、民族、宗教信仰、残疾等非职业能力因素歧视求职者，这一规定为大学生提供了平等的就业机会。

② 禁止劳动合同陷阱：为防范用人单位在与大学生签订劳动合同时设置陷阱，劳动法规定，用人单位不得限制劳动者的人身自由，不得扣押劳动者的个人物品，这一规定保障了大学生在签订劳动合同时的自由选择权。

③ 保障劳动报酬：劳动法对劳动者的工资报酬进行了详细的规定，包括工资标准、支付时间、支付方式等，这为大学生确保获得合理报酬提供了法律保障。

④ 劳动时间和休息规定：为了保护大学生的身心健康，劳动法规定了劳动时间和休息时间的安排，用人单位不得超过法定的工作时限，保障劳动者的正常休息。

⑤ 工作条件和安全保障：劳动法要求用人单位提供相应的工作条件，确保劳动者的安全与健康，特别是在涉及特殊岗位或工种时，用人单位需要提供相应的劳动防护设施，为大学生提供安全的工作环境。

⑥ 强调职业培训：为了提高大学生的职业素养和适应能力，劳动法鼓励用人单位为劳动者提供职业培训，帮助他们更好地适应工作。

（三）劳动法对大学生保护的实施与问题

1. 实施情况

在实际执行中，一些国家和地区通过设立劳动监察机构、建立投诉举报渠道等方式，加强对用人单位的监管，确保劳动法对大学生的特殊保护规定得以切实执行。此外，通过宣传教育，提高大学生对自身权益的认知，鼓励他们依法主动维护自己的权益，也是实施中的一项重要工作。

2. 问题与挑战

① 法律意识薄弱：一些大学生由于缺乏法律知识，对劳动法的相关规定不够了解，导致在面对违法用人单位时难以有效维权。

② 监管不到位：一些地区的监管机构可能存在监管力度不足、执法效果不明显的问题，使得违法用人单位难以受到应有的惩罚，降低了大学生特殊保护规定的实际效果。

③ 信息不对称：在求职和签订劳动合同过程中，大学生可能面临信息不对称的问题，用人单位通过不透明的信息获取优势，导致大学生在就业合同中的权益受损。

（四）加强大学生特殊保护的对策和建议

① 提高法律意识：学校和社会组织可以通过开设相关课程、举办法律讲座等方式，提高大学生对劳动法的认知水平，增强他们的法律意识。

② 建立劳动权益宣传平台：政府和社会组织可以建立劳动权益宣传平台，通过互联网、社交媒体等渠道传播劳动法规，让更多的大学生了解自己的权益。

③ 加强用人单位的法制教育：针对用人单位，政府可以加强法制教育，提高其对劳动法相关规定的遵守意识，降低因法律不规范而导致的纠纷发生。

④ 完善监管机制：政府应加强对劳动监察机构的建设和培训，提高监管的水平和效果，确保对违法用人单位的查处力度。

⑤ 建立用人单位信用体系：政府可以建立用人单位的信用体系，对违法用人单位实施信用惩戒，提高用人单位依法用工的积极性。

⑥ 鼓励劳动法律援助：鼓励设立法律援助机构，为大学生提供法律援助服务，帮助他们更好地维护自身的劳动权益。

（五）未来展望

未来，劳动法对大学生的特殊保护将面临更多的机遇和挑战，以下是未来可能发生的趋势和相应的措施。

① 数字化时代的法律保障：随着数字化时代的发展，可能会出现更多基于信息技术的法律保障措施，包括在线维权平台、电子合同等，为大学生提供更便捷的法律保障。

② 强化用人单位责任：未来的法规可能更加强调用人单位对劳动法的遵守和责任，鼓励企业建立健全用工制度，提高用人单位的法治意识。

③ 加强国际合作：随着全球化的深入，国际合作将变得更加紧密，各国可能共同探讨大学生特殊保护的经验和机制，推动国际社会在劳动法领域的合作。

④ 强调社会组织作用：社会组织，尤其是学生组织、工会等，可能在大学生特殊保护中发挥更为积极的作用，通过组织维权活动、提供法律援助等方式，促进大学生的劳动权益得到更好的保障。

通过不断加强法治建设、提高法律宣传普及率、完善监管机制等方面的努力，可以期待大学生在职场中的特殊保护规定得到更加全面、深入、有效的实施。这将有助于建立更加公正、平等的劳动关系，为大学生的职业发展提供更好的保障。

三、大学生实习与劳动法的关系

大学生实习是高校教育中的一项重要环节，旨在帮助学生将理论知识与实际工作相结合，提高职业素养。实习期间涉及的权益、待遇、保障等问题牵涉劳动法的适用，成为备受关注的话题。下面将深入探讨大学生实习与劳动法的关系，包括实习的法律地位、权益保障、法规规定、实践问题、解决途径等方面。

（一）大学生实习的法律地位

① 实习与雇佣的区别：大学生实习与正式雇佣之间存在明显区别，实习通常是在学业期间，目的是学习和提升实际操作能力，而非直接为用人单位提供生产劳务。

② 法律地位不明确：在一些国家的法律体系中，大学生实习的法律地位并不明确，有时，大学生实习可能不被明确定义为劳动关系，导致相关的权益保障存在一定的不确定性。

（二）大学生实习中的权益保障

① 工资和福利待遇：大学生实习期间是否应该获得工资、福利待遇一直是争议焦点，劳动法对于正式雇佣者的工资、社会保险、假期等有明确规定，但对实习生的权益保障相对较少。

② 工时和休息：实习生的工作时间和休息问题也备受关注，劳动法规定了正式雇佣者的工时和休息，但在实习中，由于学业压力和实习单位的需要，可能存在超时工作和不规范的休息安排。

③ 安全与健康：与正式雇佣者相比，实习生的工作环境安全和健康保障方面可能面临更多的问题，用人单位对实习生的安全培训、防护设施提供等方面的要求相对较低。

（三）法规规定与实际落差

① 劳动法的适用：在一些国家，由于大学生实习的法律地位不明确，部分用人单位可能认为劳动法不适用于实习生，这导致了实际实习中的法规规定与实际落差。

② 实习合同的缺失：一些实习生可能在实习过程中未签署明确的实习合同，这使得相关的权益保障难以得到执行。

③ 社会保险问题：部分用人单位可能不履行为实习生购买社会保险的义务，导致实习生在意外发生时面临较大的风险。

（四）解决大学生实习问题的途径

① 建立法定实习制度：国家可通过立法明确大学生实习的法律地位，规定实习期间的基本权益和法律适用，以缩小法规规定与实际落差。

② 加强实习合同签署：学校和用人单位应鼓励并规范实习合同的签署，明确实习期限、薪酬、工作内容等关键条款，提高实习生权益的保障程度。

③ 加强监管与执法：监管部门应加强对用人单位的监管力度，确保其履行为实习生提供安全工作环境、支付工资、购买社会保险等义务。

④ 推动用人单位社会责任：鼓励用人单位主动承担社会责任，关心实习生的发展，提供良好的工作环境和合理的薪酬待遇。

（五）国际比较与借鉴

① 德国的双元制度：德国的双元制度将学校培训和企业实践相结合，学生在实习中既能获得实际工作经验，又能接受系统的职业培训。

② 法国的学徒制度：法国的学徒制度通过合同明确规定学徒的权利和义务，包括工资、社会保障、培训内容等，为学生提供了全面的保障。

③ 美国的实习文化：在美国，实习文化非常发达，学生通过实习更好地了解职业领域，用人单位也有责任为实习生提供培训和指导。

（六）未来发展趋势

① 法律地位的明确：随着对大学生实习问题的关注，未来国家可能会加强相关法规的制定，明确大学生实习的法律地位，为其提供更为明确的法律保障，使实习生在实习期间能够明确自己的权益和义务。

② 加强实习管理：学校和用人单位可能倾向于建立更为完善的实习管理体系，包括建立实习指导委员会、提供实习培训、建设实习管理平台等，以确保实习生在实践中能够得到有效指导和支持。

③ 强调实习合同的重要性：将实习合同纳入法定范畴，强调实习合同的重要性。通过签署合同，明确实习生和用人单位的权益义务关系，有效规避实习中可能发生的纠纷。

④ 倡导用人单位的社会责任：鼓励用人单位积极履行社会责任，为实

习生提供更为良好的工作环境，为其提供职业发展支持，从而提高实习的质量和效果。

⑤ 推动国际交流合作：国际间可以加强关于大学生实习的法律地位和管理机制的交流合作，吸取其他国家的经验，推动国际间对实习问题的共同研究和解决方案的制定。

大学生实习与劳动法的关系涉及法律地位、权益保障、法规规定、实践问题等多个方面。在实际操作中，法规规定与实际情况之间存在一定的落差，因此，有必要通过立法和制度建设，明确大学生实习的法律地位，为其提供更加全面的权益保障。

加强实习合同的签署，明确实习生和用人单位之间的权责关系，是解决实习中问题的有效途径。监管机构应当加强对用人单位的监管，确保实习生的权益得到切实保障。同时，要推动用人单位履行社会责任，为实习生提供更加良好的实习环境，构建和谐劳动关系。

未来，随着社会的不断发展和对大学生实习问题认知的提升，相关法规和制度有望得到进一步完善。国际合作也将在解决大学生实习问题上发挥积极作用，推动相关经验和最佳实践的交流，促进全球范围内对大学生实习问题的共同关注与解决。通过这些努力，可以更好地维护大学生在实习中的权益，促使其获得良好的职业发展。

第二节　大学生在招聘与录用中的权利

一、招聘广告与招聘程序

招聘广告和招聘程序是企业寻找并招募合适员工的重要工具和流程。招聘广告作为企业吸引求职者的第一印象，承载了企业文化、招聘需求等信息；而招聘程序则是招聘活动的组织和执行过程，涵盖了从需求确定到员工入职的各个环节。

（一）招聘广告的关键要素

① 职位信息：清晰明确的职位信息是招聘广告的核心，包括职位名称、工作职责、任职资格、薪资待遇等，这些信息使求职者初步了解职位情况，并帮助其决定是否申请该职位。

② 公司介绍：公司介绍是招聘广告中吸引求职者的重要元素，企业文化、发展历程、核心价值观等信息可以展示企业形象，吸引有共鸣的人才。

③ 福利待遇：透明、有竞争力的薪资和福利待遇是吸引人才的重要因素。明确的福利政策、晋升机制、培训机会等，可以在广告中体现。

④ 应聘方式：提供清晰的应聘方式，包括投递简历的邮箱、招聘网站链接等，应聘方式的便捷性直接关系到求职者是否能够顺利参与招聘过程。

（二）招聘程序的流程设计

① 需求分析：招聘程序的第一步是明确招聘需求，通过与相关部门沟通，确定招聘的职位、数量、资格等细节，为后续的招聘活动奠定基础。

② 编制招聘计划：根据需求分析的结果，制订招聘计划，明确招聘的时间节点、招聘渠道、招聘团队成员等，确保招聘活动的有序进行。

③ 发布招聘广告：在招聘广告中，应确保信息的真实性和准确性，广告发布渠道可以包括企业官网、招聘网站、社交媒体等，以覆盖更广泛的求职者群体。

④ 简历筛选：收到求职者的简历后，进行初步筛选，依据招聘广告中设定的标准，筛选出符合条件的候选人，为后续面试提供备选人。

⑤ 面试环节：安排合适的面试流程，包括初面、复面、技术面等，以全面了解求职者的能力，面试官应该经过培训，以确保公正、客观的评价求职者。

⑥ 背景调查：对通过面试的候选人进行背景调查，核实其提供的信息。

这是确保企业招聘决策的重要步骤，有助于减少用人风险。

⑦ 发放 Offer：确定最终的招聘人选后，向其发放正式的 Offer，Offer 中应包括具体的工作职责、薪资待遇、入职日期等详细信息。

⑧ 入职培训：新员工入职后，进行相关的培训，包括公司文化、岗位培训等，确保新员工尽快适应新的工作环境。

（三）招聘广告与招聘程序的最佳实践

① 精准定位：招聘广告应该面向目标群体，通过明确的职位描述和公司介绍，吸引具备所需技能和文化匹配度的求职者。

② 开放沟通：招聘广告中的信息应真实、开放，避免虚假宣传，以建立诚信形象。沟通渠道也应畅通，方便求职者获取更多信息。

③ 科技支持：利用现代科技手段，如人才招聘平台、智能筛选工具等，提高招聘效率，减轻人力负担。

④ 候选人体验：从求职者的角度出发，优化整个招聘过程，确保候选人在整个招聘流程中有良好的体验。

⑤ 培训面试官：面试官是招聘程序中至关重要的一环，他们的专业性和公正性直接关系招聘结果的准确性，因此，对面试官进行相关培训是十分必要的。

⑥ 数据分析：利用数据分析工具对招聘活动进行监测和评估，了解招聘效果，及时调整招聘策略。通过分析招聘数据，企业可以更好地了解招聘活动的效果，找到改进的方向，提高整体招聘质量。

⑦ 建立人才储备池：企业不应仅局限于当前需要招聘的职位，还可以通过建立人才储备池，长期积累和管理潜在的人才资源，使得招聘更为灵活和高效。

⑧ 员工参与：鼓励现有员工参与招聘活动，可以通过内部推荐制度、员工参与面试等方式，这样做不仅能够提高员工对公司的认同感，还有助于

找到更适合公司文化的人才。

（四）未来发展趋势

① 智能化招聘：随着人工智能的发展，未来招聘将更加智能化，智能筛选简历、面试机器人、数据分析等技术的应用，将使得招聘过程更加高效。

② 社交招聘：社交媒体的广泛应用使得招聘活动更多地融入社交网络，企业可以通过社交平台与潜在候选人建立更紧密的联系，提高招聘的精准性。

③ 弹性招聘：随着远程办公和灵活工作模式的普及，未来的招聘可能更加弹性，注重候选人的技能和适应力，而非传统的学历和经验。

④ 多元化招聘：注重多元化和包容性的招聘将成为未来的趋势，企业将更加关注候选人的多元背景、文化差异和多元技能，以提升团队的创造力和创新性。

⑤ 数据驱动决策：未来招聘将更加依赖数据驱动决策，通过大数据分析，企业可以更好地了解市场趋势、求职者需求，并根据数据调整招聘策略。

⑥ 强调员工品牌：员工品牌将成为招聘的重要组成部分，企业需要在吸引人才方面展示出良好的员工体验，通过员工的口碑传播吸引更多的优秀人才。

⑦ 人才市场的竞争：由于全球范围内的人才市场竞争激烈，企业将更加注重提升自身在招聘市场中的吸引力，包括公司文化、福利待遇、职业发展等方面的优势。

招聘广告和招聘程序作为企业人才招募的关键环节，直接影响着企业的人才质量和组织效益。在招聘广告中，精准的定位、真实的信息、开放的沟通是吸引求职者的关键。而在招聘程序中，从需求分析、招聘计划的制订、招聘广告发布到最终入职培训等环节，都需要严密地组织和高效地执行。

未来，随着科技的发展、社会结构的变迁及人才市场竞争的加剧，招聘活动将更加智能化、社交化和弹性化。企业需要紧跟时代潮流，不断优化招聘策略，注重员工品牌建设，以吸引并留住优秀人才。通过数据驱动的决策、多元化和包容性的招聘及关注员工体验，企业可以更好地适应未来的人才招聘趋势。

二、面试与笔试的合法性

在人才招聘过程中，面试和笔试是常见的评估手段，用于全面了解应聘者的能力、素质和适应性。然而，这两种评估方式涉及一系列法律、伦理和公平性的问题。

（一）法律框架与合法性

① 法律依据：在很多国家，招聘活动受到法律的监管，确保在招聘过程中遵循公平、公正、透明的原则，招聘的法律依据包括劳动法等相关法规。

② 面试合法性：面试是招聘中最直接的评估方式之一，在法律上，面试通常是合法的，但需要注意的是，面试问题不能违反法律规定，比如，不能涉及年龄、性别、宗教信仰等歧视性问题。

③ 笔试合法性：笔试是通过文字形式对应聘者进行能力、知识等方面的测试，一般来说，笔试在法律上也是合法的，但需要确保测试内容与职位相关，而且应保证公正、客观，避免歧视。

（二）应用实践中的问题与挑战

① 歧视问题：在面试和笔试中，存在潜在的歧视问题，例如，某些面试问题可能暗示性别或年龄歧视，某些笔试内容可能对特定群体有不利影响。这可能导致法律纠纷和声誉风险。

② 面试主观性：面试过程受到面试官主观因素的影响，可能存在评价标准不一致的问题，为了提高公正性，需要对面试官进行专业培训，确保评价的客观性。

③ 笔试设计合理性：笔试设计需要与职位需求相匹配，不能过于狭隘或不切实际，不合理的笔试可能会降低应聘者的满意度，也难以准确评估其实际能力。

（三）候选人权益保障

① 隐私权保护：在面试和笔试中，需要保护应聘者的隐私权，不能提问与工作无关的个人隐私信息，也不能非法获取或滥用应聘者的个人数据。

② 信息透明：招聘过程中，应聘者有权了解评估方法和标准，企业应提供足够的信息，确保应聘者清楚评价标准，并能就评价结果提出合理质疑。

③ 公正公平：招聘活动应该保持公正、公平，不应受到个人偏见、主观判断的影响，公开透明的招聘过程有助于维护候选人的权益。

（四）面试与笔试的合法性实践建议

① 合法面试问题：面试官在提问时应遵循法律规定，不涉及个人隐私、年龄、性别、宗教信仰等歧视性问题，企业应培训面试官以确保提问的合法性。

② 合理笔试设计：确保笔试内容与职位相关，避免设计过于狭隘或超出实际工作需求的内容，评估指标应能够客观反映应聘者的实际能力。

③ 面试官培训：面试官需要接受专业培训，了解公正面试的原则，学习如何避免主观偏见，确保面试评价的客观性。

④ 信息透明：提供足够的信息给应聘者，让其了解评估方法和标准，透明的招聘过程有助于建立信任，降低法律风险。

⑤ 隐私保护：在招聘过程中，严格保护应聘者的隐私信息，不得滥用或非法获取个人数据，企业应建立健全的数据保护政策。

⑥ 建立申诉机制：为应聘者建立申诉机制，允许其对招聘结果提出合理质疑，确保招聘过程的公正性。

（五）未来发展趋势

① 科技与人工智能的融合：未来，科技和人工智能将更多地应用于招聘评估中，以提高评估的客观性和效率，例如，智能面试系统、人才分析工具等将更加普及，帮助企业更全面、客观地评估候选人的能力和潜力。

② 数据驱动招聘：随着大数据和分析技术的不断发展，企业将更多地依赖数据来指导招聘决策，通过分析招聘数据，企业可以更好地评估招聘活动的效果，调整策略，提高招聘的精准性。

③ 强调多元化和包容性：未来的招聘趋势将更加强调多元化和包容性，企业将更加关注候选人的多元背景、文化差异和多元技能，以提升团队的创造力。

④ 虚拟招聘和远程面试：随着远程办公和虚拟工作的普及，虚拟招聘和远程面试将更加常见，这将使得招聘更具灵活性，可以更广泛地吸引全球范围内的人才。

⑤ 教育和技能导向：未来的招聘可能更加关注候选人的技能，而非传统的学历和经验，技能导向的招聘将更加注重候选人在实际工作中所展现的能力和潜力。

⑥ 强调员工品牌和公司文化：企业将更加注重塑造良好的员工品牌和公司文化，通过展示良好的员工体验、企业价值观，企业可以更好地吸引和留住优秀人才。

⑦ 全球化招聘：全球化将推动企业进行更广泛的国际招聘，企业将面对来自不同文化和地区的人才，需要调整招聘策略以更好地应对全球招聘的挑战。

面试和笔试作为人才招聘过程中的评估手段，在法律、伦理和公平性方面存在一系列的问题和挑战。合法性是面试和笔试的基本前提，需要在法律框架内进行设计和执行。

在应用实践中，企业需要注意避免歧视问题、确保评价标准的一致性、维护应聘者的隐私权。此外，企业应建立信息透明、公正公平的招聘环境，保护候选人的权益。

为了增强招聘效果、降低法律风险，建议企业注重培训面试官、合理设计笔试内容、建立申诉机制、强调多元化和包容性、利用科技手段进行数据驱动招聘。

未来，随着科技的发展和社会结构的变迁，招聘方式将更加智能化、社交化和弹性化。企业需要紧跟时代潮流，不断优化招聘策略，关注员工品牌建设，以更好地吸引并留住优秀人才。通过持续创新和改进，企业可以更好地应对未来招聘领域的挑战。

三、劳动合同的签订与条款

劳动合同是雇主和雇员之间约定雇佣关系的法律文件，是规范劳动关系、明确双方权责的重要工具。合同的签订与条款设计直接关系到雇佣关系的公正、稳定和顺利进行。下面将深入探讨劳动合同签订的法律依据、流程，以及常见的劳动合同条款，旨在为企业和员工提供更清晰的指导。

（一）法律依据与劳动合同签订的程序

1. 法律依据

劳动合同的签订在大多数国家都受到相关法律法规的规范，如劳动法、劳动合同法等，这些法规规定了雇佣关系的基本原则和双方的权利义务，保障了合同签订的合法性和公正性。

2. 签订程序

一般而言，劳动合同签订的程序包括以下五个步骤。

① 招聘与录用：公司首先发布招聘信息，进行招聘活动，一旦雇主选择了合适的候选人，就会进行录用程序，包括发送录用通知书等。

② 劳动合同起草：雇主应当根据招聘的具体情况起草劳动合同，确保

合同内容符合相关法律法规，且能够明确雇员的权益和义务。

③ 双方确认：雇主和雇员双方在确定合同内容后，需要对合同进行仔细确认，确保各项条款清晰明了，没有歧义。

④ 正式签署：双方确认无误后，正式签署劳动合同，签署时应当注意确保签署过程合法，例如，签字人必须是有签署权的法定代表人或授权代表。

⑤ 合同存档：签署后，雇主需要妥善保管合同，并在雇员档案中存档，以备将来查询和维权。

（二）劳动合同的主要条款

① 基本信息：劳动合同首先需要包括基本信息，如雇主名称、雇员姓名、合同签订日期等，以明确合同的当事人和签订时间。

② 工作岗位与职责：确定雇员的工作岗位和具体职责，明确工作内容，避免产生模糊不清的情况。

③ 劳动报酬：包括工资的数额、支付方式、薪酬结构等，需要注明计薪周期，以及加班、奖金、福利等方面的待遇。

④ 工作时间与休息：规定工作时间、休息日、法定节假日等，明确加班、调休等相关规定，以保障雇员的合法权益。

⑤ 试用期：若设有试用期，需要在合同中明确试用期的起止时间、条件、薪酬待遇等，以避免试用期纠纷。

⑥ 保密条款：对于一些涉及商业机密或敏感信息的岗位，合同中通常包括保密条款，明确雇员对公司信息的保密责任。

⑦ 解雇与离职：规定解雇程序、原因、通知期等，同时也需要明确雇员离职的程序和注意事项。

⑧ 培训与晋升：若公司提供培训或存在晋升机制，需要在合同中明确相关规定，以激励员工的发展。

⑨ 福利与社会保险：描述公司提供的福利待遇，以及雇员应当享有的社会保险，如养老保险、医疗保险、失业保险等。

⑩ 违约与争议解决：包括合同违约的定义、违约责任、争议解决方式等内容，以规范双方的行为。

（三）合同条款设计的注意事项

① 清晰明了：合同条款应当使用简明易懂的语言，避免使用模糊或含糊不清的表述，以减少潜在的纠纷。

② 合法合规：所有的合同条款都必须符合国家和地区的法律法规，不合法或不合规的条款可能导致合同无效，甚至招致法律责任。

③ 充分协商：劳动合同是雇主和雇员之间的双方协议，需要在平等自愿的基础上进行协商，合同中的条款最好是经过充分协商后达成的共识。

④ 特殊情况的考虑：针对一些特殊情况，如劳动争议解决机制、不正当竞业的限制等，需要在合同中进行特别说明。

⑤ 及时更新：随着时间的推移，劳动合同可能需要根据公司政策变化、法律法规更新等因素进行调整和更新，及时更新合同有助于确保劳动合同与实际情况保持一致，减少潜在风险。

⑥ 谨慎使用术语：在合同中使用的术语应当准确无误，避免使用会产生多种理解的术语，以免引起不必要的争议。

⑦ 双方权益平衡：合同中的条款应当体现雇主和雇员的平等地位，避免过于倚重一方，以维护双方的权益。

⑧ 合同的一致性：合同中的各个条款应当相互协调一致，避免出现内部矛盾或不一致的情况。

（四）未来发展趋势

① 灵活用工模式的合同：随着灵活用工模式的兴起，未来的劳动合同

可能更加注重灵活性，可能包括远程办公、临时用工等方面的条款。

② 数字化合同管理：未来，随着数字化技术的发展，劳动合同的管理将更加便捷，采用电子合同、智能合同管理系统等工具，可以提高合同管理的效率。

③ 强调员工福利：随着员工对福利关注度的提高，未来的合同可能会更加注重员工福利的具体条款，如弹性工作、健康福利等。

④ 可持续性和社会责任：企业在未来的劳动合同中可能会更加注重可持续性和社会责任的体现，包括环境友好型的工作条件、社会公益项目等。

⑤ 更全面的争议解决机制：为了减少劳动争议，未来的合同可能更加注重建立全面的争议解决机制，如内部协商、调解、仲裁等方式。

劳动合同作为雇佣关系的法律基石，其签订与条款设计直接关系到雇佣双方的权益和责任。合同的签订需要遵循法律规定的程序，条款的设计需要合法、合规、公平、清晰。

在签订合同时，雇主应当认真考虑雇员的权益，充分协商并明确双方的权责；雇员则应当仔细阅读合同，理解其中的各项条款。及时更新合同、谨慎使用术语、平衡双方权益是保持合同有效性和稳定雇佣关系的关键。

未来，随着劳动关系的变革和社会的发展，劳动合同可能会朝着更加灵活、数字化、注重员工福利和社会责任的方向发展。企业需要紧跟这些变化，灵活调整合同条款，以适应不断变化的用工环境。通过合理的合同签订和管理，雇主和雇员可以在一个公正、透明、有序的劳动关系中共同发展。

第三节　大学生职场权益的法律保障

一、工资与福利待遇

工资与福利待遇是雇佣关系中一项重要的考量，直接影响员工的生活质量、工作积极性和企业的员工满意度。

（一）工资与福利待遇的定义

① 工资：工资是雇主支付给雇员的薪酬，是员工提供劳动力所得到的经济报酬，工资的形式多种多样，包括基本工资、津贴、奖金、提成等。

② 福利待遇：福利待遇是指企业为员工提供的各种福利，旨在提高员工的生活质量和工作满意度，福利待遇包括但不限于医疗保险、养老保险、带薪休假、培训机会、员工活动等。

（二）工资与福利待遇的重要性

① 员工激励与满意度：公正合理的工资水平和较好的福利待遇可以有效激励员工，提高其对工作的投入度和积极性，员工在获得应有的报酬和福利的情况下，更有可能产生较高的工作满意度。

② 招聘与留用人才：优越的工资和福利待遇是企业吸引和留住人才的关键因素之一，在竞争激烈的人才市场中，企业通过提供有竞争力的薪酬和福利，能够更好地吸引和留住优秀的员工。

③ 企业形象与社会责任感：良好的工资和福利政策有助于树立企业的良好形象，同时，关注员工的生活质量和福祉，体现了企业的社会责任感，有助于提高企业在社会中的声誉。

④ 员工健康与工作效能：适当的福利待遇，如医疗保险和健康服务，有助于维护员工的身体健康，健康的员工更有可能保持高效的工作状态，提高工作效能。

（三）工资与福利待遇的设计原则

① 公平合理：工资和福利待遇应当公平合理，避免因为性别、种族、职务等因素产生不合理的差异，公平的待遇有助于建立和谐的员工关系。

② 市场竞争力：工资和福利待遇需要具备市场竞争力，以确保企业能够在激烈的人才市场中吸引到并留住优秀的员工，企业需要关注同行业的薪

酬水平和福利标准，制定有竞争力的方案。

③ 激励与奖励机制：工资和福利设计应当结合员工的工作表现，设立激励和奖励机制，例如，提供绩效奖金、晋升机会等，以激发员工的积极性。

④ 灵活性：考虑到员工的多样性和个性化需求，工资和福利待遇的设计应当具有一定的灵活性，如提供弹性工作安排、个性化的福利选择等。

⑤ 综合福利：企业可以从多个方面提供福利待遇，包括但不限于健康福利、培训发展、员工关怀、文化活动等，多元化的福利待遇有助于全面提升员工的生活质量。

⑥ 可持续性：工资和福利待遇的设计应当考虑到企业的可持续性，确保薪酬和福利水平既能满足员工的需求，又不至于对企业的财务状况造成过大压力。

（四）工资与福利待遇的未来发展趋势

① 强调福利体验：未来，企业可能更加注重员工福利的体验，不仅提供传统的物质性福利，还可能增加关怀型福利，如心理健康支持、工作灵活性等。

② 个性化福利选择：随着员工个性化需求的增加，未来的趋势可能是提供更加个性化的福利选择，让员工根据自己的需求进行灵活搭配。

③ 健康与生活平衡：企业可能更加关注员工的健康与生活平衡，提供更多关于健康管理、休闲娱乐的福利待遇，以提高员工的整体幸福感。

④ 弹性工资制度：未来，一些企业可能会探索更加灵活的工资制度，如与绩效挂钩的奖金、股权激励等，这有助于更好地激发员工的积极性和创造力。

⑤ 数字化工资支付：随着数字化技术的不断发展，工资支付方式可能趋向于更加便捷和高效的数字化形式，如电子工资单、薪酬管理平台等。

⑥ 绿色和可持续福利：在社会对可持续发展的关注日益增加的背景下，

企业可能会更加注重提供绿色和可持续的福利待遇，如环保奖励、绿色出行福利等。

⑦ 社会责任与福利：企业社会责任的概念将更深入地融入工资和福利设计中，一些企业可能通过参与社会公益活动、提供员工志愿服务等方式来拓展福利领域。

工资与福利待遇作为雇佣关系中的核心元素，对于企业和员工都具有重要的意义。合理设计的工资和福利方案既可以提高员工的工作满意度和忠诚度，又有助于企业吸引和保留人才，提升企业形象。

在设计工资与福利待遇时，公平合理、有竞争力、灵活个性化、符合可持续发展原则是重要的设计原则。此外，企业需要不断关注未来发展趋势，适应社会变革，更好地满足员工多样化的需求。

未来，工资与福利待遇将更加注重员工体验、个性化选择和可持续性发展。企业需要积极调整策略，为员工提供更具吸引力和关怀性质的工资与福利待遇，以在激烈的市场竞争中脱颖而出，建立稳健的雇佣关系。通过不断创新，工资与福利待遇将成为企业留住人才、提升竞争力的有力工具。

二、工时与休息休假

工时与休息休假是雇佣关系中的关键要素，直接影响到员工的生活品质、工作效能及企业的生产运营。合理的工时安排和健全的休息休假制度不仅有助于维护员工的身心健康，也能提高员工的工作积极性和创造力。

（一）工时与休息休假的定义

① 工时：工时是指员工在一定的时间内为雇主提供劳动的时间。通常以小时为计量单位，包括正常工作时间和加班时间，工时的合理安排关系到员工的劳动强度和生活平衡。

② 休息休假：休息休假是指员工在工作周期内享受的休息时间，包括每日的休息时间、每周的休息日，以及带薪或无薪的年假、病假等，休息休

假有助于员工放松身心，提高工作效率和生活质量。

（二）工时与休息休假的重要性

① 员工身心健康：合理的工时安排和充足的休息休假时间对于员工的身心健康至关重要，过长的工时和缺乏休息会导致员工疲劳、压力增加，从而影响到生活品质和工作表现。

② 工作效能与创造力：适当的工时安排和充足的休息休假有助于提高员工的工作效率和创造力，合理的休息时间可以使员工更好地保持专注和活力，提高工作的质量。

③ 员工满意度与忠诚度：通过合理的工时安排和有利于员工休息的休假制度，企业可以提升员工的满意度和忠诚度，员工感受到企业对工作与生活平衡的关注，更有可能保持对企业的长期忠诚。

④ 法律法规遵从：各国家和地区都有关于工时和休息休假的法律法规，企业需要遵守这些规定，合规经营不仅有助于降低法律风险，也能维护企业的声誉。

（三）法律法规对工时与休息休假的规定

① 工时规定：不同国家和地区对工时有着不同的规定，主要包括每日工时、每周工时和加班工时的限制，例如，法定工时一般为每周 40 小时，超过部分需要支付加班费。

② 休息休假规定：法律法规通常规定了员工每周应当享有的休息日，以及带薪或无薪的年假、病假等，有些地区还规定了特殊情况下的休息安排，如怀孕期间的产假。

③ 弹性工时制度：一些地区允许企业实行弹性工时制度，即员工可以在一定范围内自由安排工作时间，这种制度有助于适应员工的个体差异，提高工作灵活性。

④ 加班和加班费：法律法规通常规定了加班的条件和限制，并要求企

业支付合适的加班费用，这是为了防止员工因过度工作而受到伤害，并确保加班得到合理补偿。

⑤ 特殊工时制度：针对一些特殊行业，如医疗、交通、紧急救援等，法律法规可能允许实行特殊的工时制度，以确保公共安全。

（四）工时与休息休假的设计原则

① 合理分配工作时间：企业应当合理分配工作时间，避免过度加班和长时间工作，科学的工作时间安排有助于提高员工的工作效能和生活质量。

② 设立弹性工时制度：对于适宜弹性工作的行业，企业可以考虑实行弹性工时制度，这有助于员工更好地平衡工作和生活，提高工作的适应性。

③ 提供适当的休息休假：企业应当为员工提供适当的休息休假，包括每日的休息时间、每周的休息日，以及带薪或无薪的年假、病假等，这有助于员工恢复体力和精神，提高工作效能。

④ 设立健康管理计划：企业可以制订健康管理计划，为员工提供健康检查、心理健康支持等服务，促进员工全面健康。

⑤ 透明沟通和参与：在工时和休息休假制度的设计过程中，透明的沟通和员工的参与是至关重要的，通过与员工进行有效沟通，了解他们的需求和反馈，可以更好地满足员工的期望，建立和谐的雇佣关系。

⑥ 合规经营：企业在工时与休息休假方面必须遵守当地的法律法规。了解并确保公司制度与法规的一致性，可以降低法律风险，维护企业的合法合规经营。

⑦ 平衡企业需求与员工权益：工时与休息休假的制度设计要在满足企业运营需求的基础上，尽量保障员工的权益，平衡二者的关系，既有助于企业的长期发展，也能提高员工的工作积极性和忠诚度。

（五）未来发展趋势

① 远程工作和弹性工时：随着科技的进步，远程工作和弹性工时将成

为未来工作的主要趋势，企业可能更加注重设计适合远程工作的工时制度，以满足员工的灵活性需求。

②　关注心理健康：未来，工作时间和休息休假的设计将更加关注员工的心理健康，公司可能会提供更多心理健康支持，建立更加健康的工作环境。

③　全球化团队的挑战：随着全球化的深入，企业需要面对不同时区、文化和法律制度下的工时和休息休假挑战，可能需要采用更灵活的制度，以适应多样化的工作情境。

④　技术的应用：技术的应用将进一步改变工时与休息休假的管理方式。例如，通过智能化的工时记录系统、自动化排班工具等，提高工时管理的效率和准确性。

⑤　社会对工作模式的重新思考：社会对工作模式的观念正在发生变化，人们对更加平衡的工作生活提出了更高的期望，未来的趋势可能是更加注重工作质量和结果，而非纯粹的工作时间。

⑥　环境可持续性：企业在工时与休息休假设计中可能更注重员工的工作效能，提倡环保和可持续的工作方式，这可能包括减少交通通勤时间、推动绿色出行等方面的措施。

工时与休息休假是构建健康雇佣关系的重要组成部分，合理的工时安排和科学的休息休假制度有助于提高员工的工作效能、生活质量和企业的竞争力。

在制定工时与休息休假政策时，企业需要平衡自身运营需求和员工的生活需求。合规经营是维护企业声誉和降低法律风险的关键。随着未来工作模式的变革，企业需要不断调整政策，适应社会和科技的发展，以确保员工和企业的共同利益得到充分满足。通过关注员工的身心健康，创造灵活而健康的工作环境，企业将更有可能吸引并留住优秀的人才，实现可持续发展。

三、职业安全与健康保护

职业安全与健康保护是企业和员工共同关注的重要议题。在工作环境中，确保员工的安全和健康不仅是法定责任，也是维护生产力和员工福祉的关键。

（一）职业安全与健康的定义

① 职业安全：职业安全是指在工作环境中采取措施，预防和减少事故、职业病和其他健康风险，以确保员工在工作中的身体和心理安全。

② 健康保护：健康保护旨在维护员工的身体和心理健康，包括提供良好的工作条件、预防职业病、提供医疗保健服务、促进员工的心理健康等方面的措施。

（二）职业安全与健康的重要性

① 员工生命安全：职业安全与健康保护关系员工的生命安全，通过有效的安全措施和应急预案，可以最大程度地降低事故和职业病对员工生命安全的威胁。

② 提高工作效率：良好的职业安全与健康保护措施有助于提高工作效率，员工在安全、健康的环境中更容易集中注意力，减少生病和事故对工作产生的负面影响。

③ 降低成本：职业事故和职业病不仅对员工造成伤害，还可能导致企业面临巨大的经济负担，如医疗费用、赔偿费用等，通过有效的安全与健康管理，可以降低这些成本。

④ 提升企业声誉：关注职业安全与健康保护体现了企业的社会责任感，有助于企业树立良好的形象，员工和社会对于安全环境的关注度不断提高，企业的良好声誉有助于吸引和留住优秀人才。

（三）法律法规对职业安全与健康的规定

① 职业安全法规：不同国家和地区都有相关的职业安全法规，规定了企业在工作环境中必须遵循的标准和措施，这些法规通常包括安全设备的使用、紧急预案的制定、事故报告和调查等内容。

② 职业病防治法规：职业病防治法规主要规定了特定工作环境中工作者可能面临的职业病危害，以及预防、检测和治疗职业病的相关措施。

③ 劳动合同法规：一些法规也规定了雇主在劳动合同中需要包含的与职业安全与健康有关的条款，以确保雇员在工作中的安全和健康。

④ 安全管理体系认证：一些国家或地区推行安全管理体系认证标准，鼓励企业建立和维护职业安全与健康管理体系，以提高安全管理水平。

（四）职业安全与健康的设计原则

① 风险评估和预防：企业应当进行全面的职业安全与健康风险评估，识别可能对员工造成危害的因素，并采取预防措施降低风险。

② 提供培训和教育：雇主应当为员工提供相关的职业安全与健康培训，使员工了解潜在危险，学会正确使用安全设备，并知晓应急处理程序。

③ 安全设备与工具：企业应当提供适当的安全设备和工具，确保员工在工作中有足够的保护，这些设备和工具包括头盔、防护眼镜、防护服等。

④ 定期检查与监测：定期的职业安全与健康检查是确保员工身体状况的有效手段，通过监测员工的健康状况，可以及早发现问题并采取措施。

⑤ 建立应急预案：企业应当制定完善的应急预案，包括灭火、事故救援等，以确保在紧急情况下能够迅速、有效地采取行动。

⑥ 员工参与与反馈：促使员工参与职业安全与健康管理是一个全员参与的过程，员工应该被鼓励报告潜在的安全问题，提供改进建议，并参与制定和审查安全政策。

（五）未来发展趋势

① 数字化技术的应用：随着技术的发展，数字化技术将在职业安全与健康管理中发挥越来越重要的作用，例如，智能传感器和大数据分析可以用于实时监测工作环境，预测潜在的危险。

② 虚拟现实与培训：虚拟现实技术将用于模拟危险环境，为员工提供更真实的培训体验，这有助于提高员工对危险情况的应对能力。

③ 健康促进与心理健康：未来的职业安全与健康管理将更加注重心理健康，企业可能会提供更多的健康活动、心理健康支持和工作压力管理。

④ 全球供应链的关注：全球供应链的复杂性给职业安全与健康带来了更多挑战，企业需要在全球范围内确保所有员工都能够享有一致的安全与健康保护。

⑤ 可持续性与社会责任：职业安全与健康将与企业的可持续性和社会责任相结合，企业可能会更注重减少对环境的负面影响，改善员工的整体生活质量。

⑥ 法规和标准的更新：随着社会对职业安全与健康关注度的提高，法规和标准将不断更新，企业需要及时了解并遵守最新的法规，以确保合规经营。

⑦ 远程办公的挑战：远程办公的兴起引发了新的职业安全与健康问题，企业需要考虑如何确保远程员工的工作环境安全，以及如何提供有效的远程健康支持。

职业安全与健康保护是企业可持续发展和员工幸福感的重要组成部分。通过建立完善的安全管理体系、提供必要的培训、使用先进的技术工具，企业可以有效减少工作环境中的危险，保障员工的身体和心理健康。

法规和标准的遵守是企业在职业安全与健康管理中的基本要求，也是维护企业声誉和降低法律风险的必要手段。未来，随着技术的不断进步和社会对员工福祉的更高期望，职业安全与健康管理将不断演进，企业需要灵活适应，不断提升管理水平，以确保员工在安全、健康的环境中工作，推动企业可持续发展。

第四节 大学生劳动争议解决机制

一、申诉与调解

在职场和社会生活中，纠纷和争议是难以避免的现象。当人们在工作中或其他方面发生分歧时，申诉与调解成为解决纠纷的关键手段。

（一）申诉与调解的定义

① 申诉：申诉是指个体或组织对于不满的地方或不公正待遇提出异议的过程，它通常是通过正式的程序，向上级、管理层或相关机构表达对某一决策或处理的不满。

② 调解：调解是通过第三方中立人的协助，帮助争议双方达成一致、和解或妥协的过程，调解旨在通过沟通、协商和寻找共同点，解决纠纷，避免走上法律程序。

（二）申诉与调解的意义

① 维护公平与正义：申诉和调解是维护公平和正义的途径。通过申诉，个体或组织可以表达对不公正行为或决策的不满，通过调解，争议双方有机会在中立人的协助下达成公正的解决方案。

② 保护员工权益：在职场中，员工可能面临与雇主或同事之间的分歧。通过申诉和调解，员工能够捍卫自己的权益，确保合理解决争端。

③ 提高工作满意度：通过申诉和调解，能够及时有效地解决问题，有助于提高个体或团队的工作满意度，员工感受到组织对他们合理关切的重视，有助于建立积极的工作氛围。

④ 避免法律程序：申诉与调解是避免长时间、高成本的法律程序的有效途径，通过在早期解决争端，可以减少法律纠纷带来的负面影响，同时降低相关成本。

（三）申诉与调解的过程

1. 申诉的过程

① 发现问题：个体或组织发现对某一决策或处理存在异议或不满。

② 选择适当渠道：选择合适的渠道向上级、管理层、人力资源部门或相关机构提出申诉。

③ 提出正式申诉：编写正式的申诉文件，详细说明问题、事实、不满点，并提供相关证据。

④ 调查和解决：相关机构进行调查，采取措施解决问题，如举行听证会、开展内部调查等。

⑤ 反馈和决定：机构对于申诉结果进行反馈，并根据调查结果作出决定，通知相关当事人。

2. 调解的过程

① 选择调解人：选择中立、公正的调解人，确保其具备调解技能和专业背景。

② 召集各方：调解人与争议双方一同会面，听取双方观点，了解纠纷的背景和关键问题。

③ 问题分析：调解人分析问题的根本原因，帮助双方理清纠纷的关键点。

④ 协商和提议：在调解过程中，调解人协助双方进行积极协商，提出可能的解决方案。

⑤ 达成协议：如果双方能够达成一致，调解人帮助整理协议内容，确保双方明确责任和权利。

⑥ 纠纷解决：达成协议后，双方执行协议内容，实现纠纷的和解。

（四）申诉与调解在不同领域的应用

① 在职场：职场中的纠纷可能涉及工资待遇、晋升机会、工作环境等方面，员工可以通过申诉向公司提出不满，同时公司也可以采取调解的方式解决内部纠纷，维护员工满意度。

② 在教育领域：学生、教职工与学校之间可能存在各种纠纷，包括成绩争议、纪律问题等，学校通常设立申诉渠道，并可以通过校内调解解决纠纷，保障校园和谐。

③ 在社区：社区居民之间可能因为邻里关系、公共资源使用等产生分歧，社区可以设立申诉机构，通过社区调解员协助解决居民之间的争议。

④ 在法律领域：在法律领域，申诉和调解是司法体系中解决争议的两个重要手段。

⑤ 申诉：当事人对法院的判决或裁定不满时，可以通过上诉程序向上级法院提出申诉，上级法院将重新审理案件，以确保司法程序的公正和合法性。

⑥ 调解：在一些案件中，法院可能会推动当事人进行调解，以寻求和解，专业的法庭调解员可以协助当事人协商达成和解协议，避免漫长的诉讼过程。

（五）申诉与调解的挑战与应对

① 缺乏诚信：有时候，当事人可能滥用申诉渠道，提出不实的诉求，这需要相关机构建立有效的筛查机制，确保申诉的真实性。

② 调解难度：在一些情况下，当事人之间的分歧可能很深，调解难度较大，调解人需要具备专业的技能，善于化解矛盾，协助各方找到共同的解决方案。

③ 法律程序的复杂性：在司法申诉中，法律程序可能相对烦琐，需要当事人了解和遵守一系列规定，为了应对这一挑战，相关机构可以提供法律

援助，帮助当事人更好地理解程序和权利。

④ 调解结果的执行：即使通过调解达成了协议，但有时双方可能并不完全履行协议，为了应对这一挑战，调解协议可以由法院监督执行，确保双方按照协议履行义务。

（六）未来发展趋势

① 在线申诉与调解：随着数字化技术的发展，未来申诉与调解的过程将更多地借助在线平台，这将提高效率，使申诉和调解更加便捷。

② 专业化调解服务：调解过程中，专业的调解人将变得更加重要，他们需要具备专业知识和技能，以更好地引导当事人达成协议。

③ 多元化调解机构：未来调解机构可能会更加多元化，涉及不同领域的专业调解服务，这有助于更好地满足不同领域的纠纷解决需求。

④ 法律科技的应用：法律科技（如智能合同、区块链技术等），将在申诉与调解中发挥越来越大的作用，有望提高纠纷解决的效率和公正性。

⑤ 强调文化敏感性：在多元文化社会中，调解人需要更加敏感，要了解不同文化背景下的纠纷解决方式。

申诉与调解是解决纠纷的重要手段，不仅可以在早期解决问题，减轻争端的影响，还有助于维护公平和正义。在不同领域，申诉与调解发挥着关键作用，保护了个体和组织的权益。

随着社会的不断发展和技术的进步，申诉与调解也将迎来新的发展机遇和挑战。建立更为便捷的在线平台、强调专业调解服务、注重文化敏感性等趋势将推动申诉与调解进一步发展。在未来，申诉与调解将继续为社会提供高效、公正、文化敏感的纠纷解决途径。

二、仲裁与诉讼

在社会交往中，纠纷和争端是难以避免的。当事人在面临纠纷时，可以选择仲裁或诉讼两种不同的纠纷解决途径。

（一）仲裁与诉讼的定义

① 仲裁：仲裁是指由一位中立的第三方仲裁员根据法定程序，对当事人之间的争端进行公正、公平的裁决，仲裁通常基于当事人自愿达成的仲裁协议，结果具有法律约束力。

② 诉讼：诉讼是指当事人通过法院系统寻求法律救济的过程，在诉讼中，纠纷的解决由法官根据法律和法规作出裁决，各方必须遵循法院的判决。

（二）仲裁与诉讼的特点

1. 自愿性

① 仲裁：仲裁是自愿的，当事人必须同意仲裁程序，仲裁协议是一种双方达成的合同，明确了仲裁的程序和规则。

② 诉讼：诉讼可以是自愿的，但在某些情况下，法律可能要求当事人通过法院解决纠纷，一旦提起诉讼，法院会介入纠纷解决。

2. 程序灵活性

① 仲裁：仲裁程序相对较为灵活，当事人可以根据具体情况制定适合双方的程序，仲裁过程通常更加迅速，手续相对简化。

② 诉讼：诉讼程序受到法定程序的制约，通常比较正规和烦琐，法庭要求双方遵循一定的法律程序和规则。

3. 保密性

① 仲裁：仲裁过程通常更具保密性，仲裁员、当事人及其他相关人员都有义务保守案件的机密信息。

② 诉讼：诉讼是公开的，法院的审理过程和判决是公开的，而且法院文件通常也是公开的，缺乏保密性。

4. 法定约束力

① 仲裁：仲裁结果通常具有法定约束力，可以被法院执行，当事人在

仲裁协议中同意遵守仲裁结果，法院会对其进行强制执行。

② 诉讼：法院的判决具有法定约束力，当事人必须遵循法院的判决，法院有权通过执行程序来强制执行判决。

（三）适用范围的比较

1. 商业争端

① 仲裁：商业领域是仲裁应用最为广泛的领域之一，由于商业合同通常包含仲裁条款，商业纠纷往往通过仲裁解决。

② 诉讼：商业纠纷也可以通过诉讼解决，尤其是在某些复杂的商业案件中，当事人可能选择通过法院进行争端解决。

2. 雇佣纠纷

① 仲裁：雇佣合同中常包含仲裁条款，因此雇佣纠纷可以通过仲裁解决。仲裁相对迅速，能够更好地保护雇员和雇主的权益。

② 诉讼：在一些雇佣纠纷中，当事人可能选择通过法院提起诉讼，这可能发生在复杂的劳动法案件中，需要法院进行判决。

3. 国际争端

① 仲裁：国际商业仲裁在处理跨国争端时发挥着重要作用，国际商会（ICC）和其他国际仲裁机构提供了专门处理国际争端的仲裁服务，这些服务通常更适合涉及多国法律体系和文化背景的纠纷。

② 诉讼：国际诉讼相对复杂，涉及多个国家的司法体系和法律规定，因此，国际争端的诉讼往往较为耗时和昂贵。

4. 家庭纠纷

① 仲裁：仲裁在处理离婚、财产分割等家庭纠纷方面逐渐增多，当事人可以选择通过仲裁解决纠纷，以保护家庭隐私。

② 诉讼：家庭纠纷也可以通过法院提起诉讼解决，然而，由于法庭程序的公开性，一些家庭可能更愿意选择私密的仲裁过程。

（四）仲裁与诉讼的利弊

1. 仲裁的利弊

（1）优势

① 快速解决：仲裁通常比诉讼过程更为迅速，因为仲裁程序相对简化。

② 保密性：仲裁过程更具保密性，当事人的隐私能得到更好的保护。

③ 专业性：仲裁员通常具备专业知识，能够更好地理解和解决特定领域的争端。

（2）劣势

① 费用较高：仲裁费用通常较高，包括仲裁员费用、场地租金等。

② 有限的上诉权：仲裁结果通常难以上诉，当事人的上诉权相对受限。

2. 诉讼的利弊

（1）优势

① 法定约束力：法院的判决具有法定约束力，可以通过法院执行。

② 公平公正：法院程序相对公正，法官是中立的第三方。

（2）劣势

① 时间长：诉讼程序通常较为烦琐，时间较长，可能导致争端长时间得不到解决。

② 费用高：诉讼费用相对较高，包括法院费用、律师费用等。

③ 公开性：诉讼程序是公开的，缺乏保密性，可能侵犯当事人的隐私。

（五）适用情境与选择建议

1. 选择仲裁的情境

① 合同中包含仲裁条款：当合同中明确包含仲裁条款时，当事人有义务按照合同约定选择仲裁解决纠纷。

② 保密性要求较高：当事人希望保持较高的保密性时，仲裁是更为适合的选择。

③ 双方愿意迅速解决争端：如果当事人希望迅速解决争端，避免漫长的诉讼过程，可以选择仲裁。

2. 选择诉讼的情境

① 法律规定必须通过法院解决：在某些情况下，法律可能规定特定类型的争端必须通过法院解决。

② 寻求法律救济：当事人希望获得法定的救济措施时，选择诉讼可能更为合适。

③ 需要上诉权：如果当事人希望在一审后保留上诉的权利，选择诉讼可能更有利。

（六）未来发展趋势

① 混合纠纷解决机制：未来可能会出现更多混合纠纷解决机制，将仲裁和诉讼的元素结合起来，以更好地满足当事人的需求。例如，一些仲裁规则可能包括法院的支持，使得在仲裁过程中更容易实现法院的介入。

② 在线仲裁和在线诉讼：随着数字技术的不断发展，未来可能会见证在线仲裁和在线诉讼的普及，这将提高效率、降低成本，并更好地适应全球化时代的需求。

③ 多元化的纠纷解决方式：为了更好地满足多样化的纠纷解决需求，未来可能会看到多元化的纠纷解决方式，包括调解、协商等。

④ 加强法律援助：鉴于一些当事人可能因为经济原因难以负担仲裁或诉讼的费用，未来可能会进一步完善法律援助制度，以确保所有人都能够平等地获得司法保护。

⑤ 可预测性和透明度：在仲裁和诉讼中，当事人对于结果的可预测性和透明度非常看重，未来可能会更多关注这些方面的改革，以提高纠纷解决机制的公信力。

仲裁与诉讼作为两种主要的纠纷解决机制，具有各自的特点和优劣势。在选择时，当事人需要根据具体情境、合同约定、保密需求、时间成本等因素进行权衡。

随着社会的不断发展和法律环境的变化，仲裁和诉讼也在不断演变。未来可能会看到更多灵活、高效、多元化的纠纷解决机制的出现，以更好地满足各方的需求。

无论选择仲裁还是诉讼，都是为了实现公正、公平、高效的纠纷解决，维护当事人的合法权益。在实际操作中，建议当事人在纠纷发生前就明确纠纷解决机制，并在合同中明确相关条款，以降低后续争端发生的概率。

第三章 大学生劳动合同的签订与履行

第一节 大学生与用人单位的劳动合同签订

一、劳动合同签订的程序

劳动合同是雇主与员工之间的一种法律文书，规定了双方在劳动关系中的权利和义务。劳动合同签订的程序对于建立健康、和谐的雇佣关系至关重要。本节将详细探讨劳动合同签订的程序，包括前期准备、合同条款的讨论、签署及归档等关键步骤。

（一）前期准备

1. 招聘流程

① 岗位需求确定：在招聘开始前，雇主需要明确公司的用工需求，包括招聘的岗位、职责及所需的技能和资质。

② 发布招聘信息：将招聘信息发布在合适的渠道，吸引符合要求的求职者。

③ 筛选简历：对收到的简历进行筛选，确定符合基本条件的候选人。

2. 面试和选拔

① 面试安排：安排候选人进行面试，评估其专业能力、沟通技巧和适应能力。

② 技能测试：针对特定岗位，进行相关的技能测试，确保候选人具备必要的工作技能。

③ 背景调查：对候选人的背景进行调查，核实其提供的个人和职业信息的真实性。

3. 制定聘用条件

① 工资和福利：确定雇佣候选人的薪酬水平和其他福利待遇，包括社保、补贴等。

② 工作时间和地点：商定工作的时间安排和地点，确保双方对工作条件有清晰的了解。

③ 劳动合同类型：确定劳动合同的类型，如固定期限合同、无固定期限合同等。

（二）合同条款的讨论

1. 明确双方权利和义务

① 职责和工作内容：在合同中详细描述员工的职责和工作内容，以明确工作的范围和期望。

② 薪资和福利：在合同中明确员工的薪资构成、发放方式，以及其他相关福利待遇。

③ 工作时间：规定员工的工作时间、加班安排、休息日等相关事项。

2. 法律和合规性要求

① 遵守法律法规：合同中应明确双方必须遵守的法律法规，确保雇佣关系的合法性。

② 保密义务：如有需要，明确员工在工作期间和离职后需要遵守的保密义务。

③ 解雇和终止条件：规定雇佣关系终止的条件和程序，包括提前通知期、赔偿等。

3. 劳动合同的期限和形式

① 合同期限：确定劳动合同的期限，是固定期限还是无固定期限，以及合同续签的条件。

② 试用期规定：如果有试用期，明确试用期的工资、工作内容，以及试用期后是否转为正式员工。

③ 形式和语言：规定合同的形式，可以是书面合同、电子合同等，并明确合同使用的语言。

（三）签署合同

1. 双方确认

① 合同阅读：确保双方充分阅读并理解合同的所有条款，有任何疑问时及时沟通和解释。

② 协商条款：如有需要，双方可以协商并修改合同条款，以满足双方的实际需求。

2. 签署

① 签署时间和地点：确定签署合同的时间和地点，确保双方能够在合适的环境中签署合同。

② 见证：如有需要，可以请证人或律师作为见证人，以确保签署的合同具有法律效力。

③ 签署方式：确定签署的方式，可以是纸质签署或电子签署，根据双方的实际情况选择适当的方式。

（四）合同的归档和备份

1. 建立档案

① 个人档案：将员工的劳动合同及相关文件归档到个人档案中，以备

将来查询和管理。

② 公司档案：公司也应该建立完整的员工档案系统，确保所有员工的合同和相关文件得到妥善保管。

2. 备份和存储

① 电子备份：对于电子合同，建议进行定期的电子备份，以防止合同文件的丢失或损坏。

② 实体文件储存：对于纸质合同，建议选择防潮、防火的存储设施，确保文件的安全性。

③ 合规性检查：定期进行档案的合规性检查，以确保公司遵循相关法规要求、档案的存储和备份符合法律要求。

（五）员工培训与沟通

1. 合同解读与培训

① 员工培训：在签署合同后，进行员工培训，介绍合同的各项条款，确保员工理解和遵守合同规定。

② 解答疑问：为员工提供提出疑问的机会，确保他们对合同内容有充分的理解，避免后续产生不必要的纠纷。

2. 变更通知与更新

① 合同变更：如果在雇佣期间需要对合同进行任何修改或变更，应及时通知员工，并经双方同意后进行变更。

② 合同更新：定期检查和更新员工的劳动合同，确保合同仍然符合公司和法律的要求。

（六）合同争议解决机制

1. 内部解决机制

① 申诉渠道：建立内部申诉渠道，使员工能够在合同纠纷发生时寻求内部解决。

② 人力资源介入：人力资源部门应对合同纠纷提供协助，寻求双方的共同解决方案。

2. 外部解决机制

① 仲裁条款：如果劳动合同中包含仲裁条款，员工和雇主可以选择仲裁来解决合同纠纷。

② 法律诉讼：在某些情况下，当事人可能选择通过法律诉讼来解决合同纠纷，法律诉讼通常是最后的解决手段。

（七）未来发展趋势

① 数字化合同管理：随着科技的发展，未来可能会更多地采用数字合同管理系统，提高合同签署的效率和可追溯性。

② 智能合同技术：智能合同技术的应用可能会为合同签署和管理带来更多的智能化和自动化的解决方案。

③ 法律科技的发展：法律科技的进步将为合同管理提供更多的支持，如自动生成合同、智能合同审查等。

④ 劳动法规的变革：随着社会的变革，劳动法规可能会不断调整和更新，雇主需要关注法规的变化，确保劳动合同符合法规要求。

劳动合同签订是雇佣关系建立的基础，其程序的完善与否直接关系到雇主和员工之间的权益关系。在签订劳动合同的过程中，雇主应严格按照法律法规的要求，充分履行相关程序，保障合同的合法性和有效性。

未来，随着科技的不断发展和社会法规的变革，劳动合同签订的方式可能会更加智能化、数字化。雇主需要及时了解和适应这些变化，以确保企业与员工之间的雇佣关系始终符合法规，并能够灵活应对未来的挑战。

二、劳动合同的主要内容

劳动合同是雇主和员工之间就劳动关系建立的书面协议，它规定了双方在雇佣关系中的权利和义务。劳动合同的主要内容具有法律约束力，对雇佣关系的稳定和顺利进行起着至关重要的作用。

（一）合同的基本要素

1. 合同的当事人

① 雇主信息：合同中应明确雇主的名称、注册地址、法定代表人等基本信息，确保员工了解雇主的身份。

② 员工信息：同样，合同中应包含员工的基本信息，包括姓名、身份证号码、联系方式等。

2. 合同的签订日期

合同应明确签订的日期，以确定合同的生效日期。

3. 合同的期限

① 固定期限合同：若合同具有明确的起止时间，需要在合同中明确。固定期限合同到期时，雇佣关系自动终止。

② 无固定期限合同：若雇佣关系没有明确的终止时间，应在合同中注明，同时要符合相关法规的规定。

（二）雇佣条件

1. 薪酬待遇

① 基本工资：合同中应明确员工的基本工资标准及支付周期（如月薪、周薪等）。

② 奖金和津贴：如有额外的奖金或津贴，需要在合同中具体说明，包括计算方式、支付时间等。

③ 加班工资：如果存在加班情况，合同中应明确加班工资的计算方式和支付规定。

2. 福利待遇

① 社会保险：合同中通常包括雇主为员工购买的社会保险种类和缴纳比例。

② 商业保险：若雇主提供其他商业保险（如医疗保险、意外险等），需要在合同中明确。

③ 其他福利：包括但不限于带薪年假、节假日福利、住房津贴等，应在合同中具体说明。

3. 试用期规定

① 试用期长度：若存在试用期，需要在合同中明确试用期的长度。

② 试用期薪酬：合同中应规定试用期的薪酬标准，以及试用期后是否调整薪酬。

（三）工作内容

1. 职责和工作任务

① 详细描述：合同中应具体描述员工的工作职责和任务，确保员工了解其工作范围。

② 变更规定：若工作内容可能发生变更，合同中应规定变更的程序和条件。

2. 工作地点

合同中应明确员工的工作地点，是否需要经常出差或异地工作。

3. 工作时间和休息休假

① 正常工作时间：规定员工的正常工作时间，包括每日工作时数和每周工作天数。

② 休息日和假期：描述员工的休息日和法定假期，以及是否有额外的公司假期。

③ 年假规定：如果公司提供带薪年假，需要在合同中规定年假的计算方式和使用条件。

（四）解雇条件

1. 终止合同的条件

① 双方的权利：合同中应明确雇主和员工在什么情况下有权解雇对方。

② 提前通知期：规定提前通知的期限，确保双方有足够的时间做好解雇的准备。

2. 赔偿和离职待遇

① 解雇赔偿：若合同规定了解雇赔偿，需要在合同中具体说明赔偿的计算方式。

② 离职待遇：若公司提供其他离职待遇（如离职奖金、社保处理等），也需要在合同中规定。

③ 非竞争协议：若存在非竞争协议，需要在合同中明确协议的内容和有效期限。

（五）保密义务和知识产权

1. 保密义务

① 公司信息保密：合同中应规定员工对公司机密信息的保密义务。

② 个人信息保密：合同中应明确公司保护员工个人信息的义务，确保信息安全。

2. 知识产权

① 公司所有权：确保合同明确了员工在工作期间创造的知识产权归公司所有。

② 离职后的义务：若涉及员工离职后对知识产权的使用和保密，需要在合同中明确规定。

（六）纠纷解决机制

1. 仲裁条款

① 选择仲裁机构：如果合同中包含仲裁条款，需要明确选择哪个仲裁机构进行纠纷解决。

② 仲裁程序：合同中要描述仲裁的具体程序，确保在纠纷发生时有可行的解决途径。

2. 法律适用和司法管辖

① 法律适用：合同中应明确适用的法律，以确定合同的解释和执行标准。

② 司法管辖：合同中应规定在发生争议时应向哪个法院提起诉讼，确保双方了解司法管辖的范围。

（七）附加条款

1. 其他特殊约定

① 附加约定：若有其他特殊约定，如培训协议、保密协议等，需要在合同中明确。

② 变更和修订：合同中要描述如何变更合同内容，确保合同的灵活性。

2. 生效和终止

① 合同生效：合同中要规定合同何时生效，确保雇佣关系有法律依据。

② 合同终止：合同中要描述合同在何种条件下会终止，以及终止后的程序和权利义务。

（八）未来发展趋势

1. 数字化合同管理

随着信息技术的发展，未来可能会更多地采用数字化合同管理系统，提高合同签署的效率和可追溯性。

2. 智能合同技术

智能合同技术的应用可能会为合同管理带来更多的智能化和自动化的解决方案，提高合同的执行效率。

3. 法律科技的发展

法律科技的进步将为合同管理提供更多的支持，如自动生成合同、智能合同审查等，减轻法务人员的负担。

4. 全球化视野

随着企业跨国经营的增多，合同中可能需要更多地考虑国际法律的适用性，以及解决跨国纠纷的机制。

劳动合同作为雇佣关系的法律基础，其主要内容的规定直接关系到雇主和员工之间的权益关系，也是维护劳动关系稳定的关键。合同的明晰与否直接影响到雇佣关系的和谐与发展。

在起草劳动合同时，雇主需特别注意合同内容的合法性、明晰性和完整性，同时，要及时了解法律法规的更新和变化，确保合同的条款符合最新的法规要求。

员工在签署合同前，应仔细阅读合同的各项条款，确保自己的权益得到合理保障。在有需要的情况下，可咨询专业人士或法律顾问，以确保合同内容的合法性和公平性。

总体而言，合理和谐的劳动合同是建立雇佣关系的基石，也是企业和员工共同发展的基础。在未来，劳动合同的内容可能会更加灵活、智能化，以适应不断变化的雇佣关系需求。

三、劳动合同期限与形式

劳动合同期限与形式是劳动法律框架下的两个基本要素，它们直接关系到雇佣关系的稳定性、灵活性及双方权益的保障。

（一）劳动合同期限的基本概念

1. 固定期限合同

① 定义：固定期限合同是指雇佣双方在合同中明确了雇佣的起始时间和结束时间，一旦到期，雇佣关系自动终止。

② 特点：具有明确的时间限制，适用于雇主需求有明确期限的情况，如项目工作、季节性工作等。

③ 法定期限：根据不同国家和地区的法律规定，固定期限合同的最大期限可能会受到限制。

2. 无固定期限合同

① 定义：无固定期限合同是指雇佣双方未在合同中规定雇佣结束的时间，雇佣关系持续直到双方协商终止或按照法定程序解除。

② 特点：雇佣关系没有明确的终止时间，更加灵活，适用于需要长期合作的情况。

③ 法定保障：在一些国家法律中，无固定期限合同可能会得到法律保护，如解雇需要合理事由等。

（二）劳动合同期限的适用情况

1. 固定期限合同的适用情况

① 项目性工作：当雇主需要雇佣员工完成一个明确定义的项目时，固定期限合同是一种常见选择。

② 季节性工作：季节性业务，如农业和零售业的旺季，也可能采用固定期限合同。

③ 替代工：针对正式员工休假或暂时离职的替代工可能签订短期固定期限合同。

2. 无固定期限合同的适用情况

① 长期雇佣需求：当雇主有长期雇佣需求，但不愿意设定明确的终止时间时，无固定期限合同更为适用。

② 高级管理层：一些高级管理层、关键员工可能会签订无固定期限合同，以表明公司对其长期留用的意愿。

③ 灵活工作安排：无固定期限合同更适用于需要灵活工作时间和地点的职位，如远程工作或弹性工作制。

（三）劳动合同形式的基本概念

1. 书面合同

① 定义：书面合同是指雇佣双方将合同的内容以书面形式明确表达，

双方签字确认，是最常见的合同形式。

② 要素：书面合同的要素包括明确的雇佣条件、薪酬待遇、工作职责等，确保双方在同一份文件中了解雇佣关系的各个方面。

③ 法律效力：在大多数国家和地区，书面合同通常具有法律效力，是法律认可的合同形式。

2. 口头合同

① 定义：口头合同是指雇佣双方通过口头协商达成的合同，没有书面文件作为明确的依据。

② 存在问题：口头合同存在解释困难、争议纠纷难以调解等问题，因此在法律视角下可行性较低。

③ 法律效力：在某些情况下，口头合同可能具有法律效力，但证明口头合同存在一定的难度。

（四）劳动合同形式的适用情况

1. 书面合同的适用情况

① 法律规定：在很多国家和地区，法律规定雇佣关系必须通过书面合同明确。

② 法律效力：书面合同更容易取得法律效力，有助于在发生争议时证明双方的协议。

③ 清晰明了：书面合同的书面记录能够清晰明了地规定雇佣关系的各项细节，减少双方之间的误解。

2. 口头合同的适用情况

① 灵活性要求：对于一些短期或雇佣条件相对简单的情况，雇主和员工可能更倾向于通过口头方式达成协议。

② 难以书面化：在某些突发情况下，如需要临时雇佣替代工，可能难以及时书面化合同。

③ 合法性认可：在某些国家或地区，口头合同在特定情况下可能被法律认可，但一般而言，为了确保合同的明晰性和法律效力，书面合同更受推荐。

（五）劳动合同期限与形式的变更

1. 期限的变更

① 续签合同：在固定期限合同到期前，雇主和员工可以商议是否续签合同，续签时，需要重新确定期限和相关条件。

② 转为无固定期限：在一些情况下，原本的固定期限合同可能会在续签时变更为无固定期限合同，尤其是当雇佣关系持续时间较长且雇主希望保持灵活性时。

2. 形式的变更

① 书面化：如果原本是口头合同，双方在雇佣关系发展过程中可能决定书面化合同，以确保更明确的雇佣条件。

② 口头约定：在一些特殊情况下，双方也可以通过共同的口头协议对书面合同进行修改，但这通常需要双方的一致同意。

（六）劳动合同期限与形式的法律风险与挑战

1. 法定期限的限制

在一些国家，法律规定了固定期限合同的最大期限，超过这个期限就需要将其变更为无固定期限合同，否则可能面临法律风险。法定期限的规定旨在保护员工的权益，避免过度使用短期合同而影响员工的稳定性。

2. 无固定期限合同的解雇限制

在一些国家，无固定期限合同的解雇需要雇主提供充分的合理事由，否则可能被认定为非法解雇。这种规定旨在确保雇主不能滥用无固定期限合同的灵活性，损害员工的权益。

3. 口头合同的证明难度

口头合同存在证明的难度，双方在争议时可能难以提供确凿的证据支持其主张。在一些国家，法律对口头合同的认可程度有所不同，有些国家可能对口头合同保护较少。

（七）未来发展趋势

1. 数字化合同管理

随着科技的进步，未来可能会更加普遍采用数字化合同管理系统，提高合同签署的效率和可追溯性。数字化合同能够降低合同管理的成本，以更方便、安全的方式进行合同签署和存档。

2. 智能合同技术

智能合同技术的发展将使合同的执行更为自动化，能够通过代码执行合同中的条款，减少对人工干预的需求。智能合同也能够根据特定条件自动调整合同的期限和其他条款，提供更灵活的雇佣安排。

3. 法律框架的变革

部分国家可能会调整劳动法律框架，以适应新的雇佣关系和灵活的劳动力市场需求。法律框架的变革可能会影响固定期限合同和无固定期限合同的规定，为雇主和员工提供更大的灵活性。

劳动合同期限与形式是构建雇佣关系的基础，直接关系到雇主和员工之间权益的平衡。在选择合同期限和形式时，雇主需考虑雇佣的实际需求，以及法律框架对不同合同类型的规定。

在实际操作中，合同期限和形式的变更需符合相关法规要求，避免法律风险。未来，随着科技的发展和法律框架的变革，数字化合同管理和智能合同技术的应用可能会进一步改变劳动合同的管理方式，为雇主和员工提供更为便捷和灵活的解决方案。

第二节　劳动合同的履行与变更

一、劳动合同的履行义务

劳动合同是雇主和员工之间确立雇佣关系的法律文件，其中规定了双方在雇佣关系中的权利和义务。雇主和员工在签署劳动合同的同时，承担着一系列的履行义务。本节将深入探讨劳动合同的履行义务，包括雇主和员工各自的权利和责任，以及在实际操作中如何确保合同的有效履行。

（一）雇主的履行义务

1. 提供合法的工作岗位

① 工作内容：雇主有责任明确规定员工的工作职责和任务，确保员工了解并能够胜任相应的工作。

② 合法性：工作岗位和工作内容必须合法，符合国家和地区的法律法规。

2. 提供必要的工作条件

① 工作环境：雇主有责任提供良好、安全、卫生的工作环境，确保员工的生命安全和身体健康。

② 工作设施：提供必要的工作设施和工具，使员工能够顺利完成工作任务。

3. 按时支付工资和福利

① 工资支付：雇主有义务按照合同规定的时间和方式支付员工的工资，包括基本工资、津贴、奖金等。

② 福利待遇：提供合同规定的福利待遇，包括但不限于社会保险、商业保险、带薪年假等。

4. 遵守劳动法规

① 劳动法规：雇主必须遵守国家和地区的劳动法规，包括但不限于工

时规定、休息休假、劳动安全等方面的规定。

② 平等就业：不歧视员工，提供平等的就业机会和待遇，不违反反歧视法规。

5. 保护员工的合法权益

① 隐私权：尊重员工的隐私权，不擅自侵犯员工的个人隐私。

② 言论自由：保护员工的言论自由，不对其进行不当的言论限制。

6. 提供培训和职业发展机会

① 培训机会：雇主有责任为员工提供必要的培训，提升其工作技能。

② 职业发展：给员工提供发展机会，鼓励员工在职业生涯中不断提升。

7. 合理解雇程序

① 解雇通知：在解雇员工时，雇主应当提前通知员工，并说明解雇的原因。

② 法定赔偿：遵守劳动法规定的解雇赔偿标准，确保员工在解雇后得到合理的补偿。

（二）员工的履行义务

1. 遵守合同规定的工作职责

① 工作态度：员工有责任以认真、负责任的态度完成工作任务。

② 遵循规章制度：遵守雇主制定的规章制度，确保工作正常运转。

2. 保守商业机密和公司资料

① 保密义务：员工有责任保守公司的商业机密，不得擅自泄露公司的机密信息。

② 知识产权：尊重和保护公司的知识产权，确保公司的技术安全。

3. 遵守工作时间和纪律

① 工作时间：遵守合同规定的工作时间，不擅自违反工作时间的安排。

② 纪律：遵守公司的纪律规定，不违反公司的规章制度。

4. 积极参与培训和自我提升

① 培训：积极参与公司提供的培训，提升自己的专业技能。

② 自我提升：主动追求自我提升，不断学习新知识，适应工作的需求。

5. 保持职业操守和道德标准

① 诚实守信：保持诚实守信的职业操守，不进行欺骗、偷窃等违法行为。

② 道德标准：遵守社会公德，确保在职业生涯中保持良好的社会形象。

6. 与同事和睦相处

① 协作精神：与同事和睦相处，积极参与团队协作，推动工作的顺利进行。

② 冲突解决：在发生冲突时，采取适当的方式解决，避免对工作氛围造成负面影响。

7. 遵循解雇程序

① 离职通知：员工在离职时应提前通知雇主，并按照合同规定的解雇程序履行义务。

② 交接工作：在离职前，员工有责任协助公司完成工作交接，确保工作的连续性。

（三）履行义务的难点与挑战

1. 雇主的难点与挑战

① 法规变化：随着法规的变化，雇主需要不断调整合同条款以确保合法性。

② 员工权益保障：确保提供合适的工作环境和权益保障，以避免员工投诉和法律纠纷。

③ 解雇风险：解雇程序可能会面临法定赔偿和社会舆论的风险。

2. 员工的难点与挑战

① 工作压力：长时间的工作压力可能导致员工无法充分履行合同义务。

② 职业发展：员工可能会因职业发展不顺或公司发生变化而感到困扰，影响履行合同的积极性。

③ 解雇的不确定性：员工可能担心合同解雇，导致不愿意全力以赴履行职责。

（四）履行义务的监督与改进

1. 内部监督机制

① 人力资源管理：建立健全的人力资源管理体系，由专业的人力资源部门监督和管理员工的履行情况。

② 员工评估：定期进行员工绩效评估，发现问题及时进行沟通、改进和培训。

2. 培训和教育

① 培训计划：为员工提供相关培训，使其更好地理解和履行合同中的义务。

② 法律法规培训：定期进行法律法规培训，确保雇主了解最新的法规要求，避免法律风险。

3. 建立沟通渠道

① 员工反馈：设立员工反馈渠道，使员工能够表达对工作环境和条件的看法，并及时解决问题。

② 雇主沟通：雇主应保持开放的沟通渠道，及时向员工传达公司政策、变化等信息。

4. 法律顾问的支持

① 法律咨询：雇主可聘请专业的法律顾问，提供法律咨询服务，确保合同的合法性和有效性。

② 法规更新：定期了解和更新雇佣法规，以确保公司的合同和雇佣政策符合最新的法规要求。

5. 持续改进流程

① 反馈机制：建立持续改进的流程，通过员工的反馈、监测合同执行情况等手段不断完善雇佣管理流程。

② 学习借鉴：学习借鉴其他企业的雇佣管理实践，寻找适合公司的最佳实践。

（五）未来发展趋势

1. 数字化管理

随着信息技术的发展，未来雇主可能会更多地采用数字化管理系统，提高对合同履行的监督效率。数字化管理系统能够更好地记录和分析员工履行义务的情况，减少信息的遗漏和错误。

2. 智能合同技术

智能合同技术的应用可能会使合同的履行更为自动化，能够通过智能合同代码执行合同中的条款。智能合同技术还能够自动监测合同履行情况，及时发现问题并提出解决方案。

3. 强调企业社会责任

企业社会责任的观念逐渐深入人心，未来雇主可能更加注重员工的权益和福祉，主动承担社会责任。强调企业社会责任不仅有助于维护公司形象，也能够提高员工的工作满意度和忠诚度。

劳动合同的履行义务是雇佣关系的基石，是雇主和员工之间相互权益的体现。雇主和员工在履行合同时都有一系列的责任和义务，要求双方在诚信、合法和尊重的基础上开展合作。

在未来，数字化管理、智能合同技术等新技术的应用将为雇主和员工提供更便捷、高效的合同履行方式。企业社会责任的理念也将成为雇主关注的焦点，劳动合同履行将更加注重员工的整体福祉和社会责任。企业和员工需要不断学习，以适应这一发展趋势，并确保合同履行的合法性和公正性。

二、劳动合同变更的条件与程序

劳动合同变更是指雇主和劳动者在合同生效期间，就某些合同条款或条件进行修订或更改的过程。劳动合同变更的条件和程序通常受到法律法规和双方协议的约束，以确保变更的公平和合法性。

（一）劳动合同变更的条件

劳动合同的变更通常需要满足一定的条件，以确保变更的合法性和公平性。以下是劳动合同变更的一些常见条件。

① 双方协议：最重要的条件是双方一致同意，雇主和劳动者必须就变更达成一致，这通常需要书面协议，变更协议应包括详细的变更内容、生效日期、签署日期等信息。

② 法律法规合规：变更的内容必须符合当地劳动法律法规。某些合同条件可能受法律保护，不能随意变更，因此，双方必须确保变更是合法的。

③ 变更事由：劳动合同的变更通常需要充分的理由，如工作性质的调整、薪酬结构的修改、职位升迁等，双方需要清楚地说明为什么需要变更合同。

④ 保护劳动者权益：劳动者的基本权益必须得到保护，变更不应导致劳动者的权益受损，如薪酬水平不得降低、工作时间不得违反法律等。

⑤ 通知期限：变更通知的期限是一个重要的条件，通常，双方需要提前一段时间通知对方，以便对变更进行充分的讨论和准备。

（二）劳动合同变更的程序

劳动合同的变更通常需要按照一定的程序进行，以确保变更的合法性和透明性。以下是一般情况下的变更程序。

① 准备变更协议：雇主和劳动者需要准备一份详细的变更协议，明确变更的内容、生效日期、双方的签字等信息。

② 双方协商：双方应当进行充分的协商，讨论变更的必要性和影响，这包括工资、工作职责、工作地点、工作时间等方面的变更，在协商中，应充分尊重劳动者的权益，遵守法律法规。

③ 书面通知：一旦双方达成一致，变更协议应以书面形式通知双方，包括生效日期和签署日期，通知应当在变更生效前的合理期限内提供给对方。

④ 签署变更协议：双方应当在协商达成一致后签署变更协议，签署协议后，变更正式生效。

⑤ 法律咨询：有时，变更涉及复杂的法律问题，雇主和劳动者可能需要寻求法律咨询以确保变更是合法的。

⑥ 备案与记录：部分地区要求变更协议进行备案或提交给相关政府部门。此外，雇主和劳动者也应妥善保存变更协议的记录，以备将来参考。

（三）合同变更的典型情况

合同变更的具体情况因劳动合同的性质而异，以下是一些典型的合同变更情况。

① 薪酬调整：基于绩效、通货膨胀和公司政策，雇主和劳动者可能协商调整薪酬水平。

② 职位升迁：雇主可能提供劳动者晋升或职位变动的机会，需要更新合同以反映这些变化。

③ 工作时间和地点：可能由于工作需要或其他原因，雇主和劳动者需要协商变更工作时间和工作地点。

④ 工作职责：雇主和劳动者可能讨论和变更工作职责，以适应公司需求或个人能力和兴趣。

⑤ 加班政策：如果公司的加班政策有所调整，相关的合同条款也可能需要进行变更。

劳动合同变更是雇主和劳动者之间合作的重要组成部分，但必须在法律法规的框架内进行，以确保双方的权益得到保护。变更的条件包括双方协议、变更事由、保护劳动者权益、通知期限等。变更的程序包括准备变更协议、双方协商、书面通知、签署协议、法律咨询、备案与记录等步骤。在实际操作中，变更合同前应当谨慎考虑，并确保遵循合同法和劳动法的规定。

三、劳动合同解除与终止的规定

劳动合同的解除与终止是劳动法中关键的概念，它们规定了雇主和劳动者在何种情况下可以终止合同关系，这些规定通常涉及合同期限、解雇事由、通知期限、赔偿等方面的内容。

（一）劳动合同的解除与终止

劳动合同的解除与终止是指雇主或劳动者主动终结合同关系的行为。解除与终止可以因多种原因发生，包括双方一致同意、合同到期、违反合同条款或法律法规、经济原因等。在劳动法中，通常明确规定了何种情况下可以解除或终止合同。

（二）解雇事由

在劳动法中，通常规定了雇主可以解雇劳动者的合法事由。这些事由可能因地区而异，但通常包括以下情况。

① 合同到期：当劳动合同的约定期限到期时，合同可以自然终止，无须另行解除。

② 违反合同条款：如果劳动者违反了合同的重要条款，如严重失职、不履行职责、盗窃公司财产等，雇主有权解雇劳动者。

③ 不正当竞争：如果劳动者从事了不正当竞争，如泄露商业机密、侵犯雇主的知识产权等，雇主有权解雇劳动者。

④ 严重不当行为：严重的不当行为，如性骚扰、暴力行为等，也可能构成解雇事由。

⑤ 经济原因：雇主出于经济原因可能需要裁减员工，但通常需要提前通知、支付赔偿或提供其他安置措施。

⑥ 身体健康问题：如果劳动者因健康原因无法继续工作，雇主有权解雇，但通常需要提前通知并支付相关赔偿。

⑦ 低绩效：雇主可以解雇表现不佳的员工，但通常需要提前警告并给予改进机会。

⑧ 其他法律法规规定的原因：根据国家和地区的法律法规，还可以有其他合法的解雇事由，如安全、环境、合同终止、调查等原因。

（三）解除与终止的程序

劳动合同的解除与终止通常需要遵循一定的程序，以确保合法性和公平性，以下是一般情况下的解除与终止程序。

① 书面通知：雇主或劳动者通常需要以书面形式通知对方有关解除或终止的意向，通知应包括解雇事由、解雇生效日期、通知期限等信息。

② 通知期限：通知期限是指在解雇通知发出后，需要等待的时间，通常，通知期限根据法律或合同约定，以确保对方有足够的时间准备。

③ 面谈和沟通：解雇通知后，双方通常需要进行面谈和详细的沟通，沟通内容包括讨论赔偿事宜、提供安置建议等。

④ 赔偿和待遇：根据解雇事由和法律法规，雇主通常需要支付赔偿或提供其他待遇，如未完成的工资、年假、终止赔偿等。

⑤ 法律咨询：如果有法律争议或纠纷，雇主和劳动者可以寻求法律咨询，以确保解除或终止程序的合法性。

⑥ 备案和记录：有些地区可能要求解除或终止协议进行备案或报告给相关政府机构。此外，雇主和劳动者也应当妥善保存相关文件和记录。

（四）特殊情况

在一些特殊情况下，解除与终止合同的程序和要求可能会有所不同，通常包括以下情况。

① 集体解雇：当雇主需要集体解雇多名员工时，可能需要符合特定的程序和通知要求，如提前通知工会或劳动监管机构。

② 无固定期限合同：对于无固定期限的合同，解雇程序可能需要更多

的保护措施，以确保员工的权益。

③ 辞职：如果劳动者主动辞职，通常需要提前通知，以便雇主有足够的时间安排替代员工。

④ 竞业禁止协议：如果劳动者受制于竞业禁止协议，解除合同可能会受到竞业禁止协议的限制。

劳动合同的解除与终止是劳动法中重要的概念，它规定了雇主和劳动者可以终止合同关系的条件和程序。解除与终止通常涉及解雇事由、通知期限、赔偿、程序要求等方面的内容。雇主和劳动者都应遵守法律法规和合同约定，以确保解除与终止是合法和公平的。

重要的是，解除与终止应当遵循法定程序，以防止可能的法律纠纷和争议。此外，透明度、沟通和尊重对于解除与终止合同时的双方关系非常重要。在解雇或终止合同时，双方应互相理解，尽量寻求和解，以减少不必要的纠纷。

合同解除与终止应该是最后的手段，当没有其他合理的解决办法时才应采用。雇主和劳动者都应该尽力避免解除与终止合同，而是尽量通过协商、改进工作条件、提供培训等方式来解决问题，以保持积极的劳动关系。此外，法律法规和合同约定应始终被遵守，以确保合法性和公平性。

第三节　大学生在实习期间的合同问题

一、实习合同的法律地位

实习合同的法律地位是劳动法很重要的一部分，它涉及雇主、实习生及雇佣关系的性质。

（一）实习合同的定义

实习合同是一种特殊的就业合同，通常是雇主与实习生之间签订的合同，旨在为实习生提供实际的工作经验和培训。实习合同的主要目的是教育和培训，帮助实习生获得特定领域的实践经验，以增加他们的职业竞争力。实习合同通常包括以下要素。

① 实习期限：合同规定实习的时间期限可以是数周或数月，取决于实习的性质。

② 实习地点：合同中会明确实习生工作的地点，可能是在雇主的办公室、工厂、实验室或其他工作场所。

③ 实习职责：合同详细列出实习生的职责和任务，以确保他们明白自己的工作内容。

④ 报酬：实习合同通常规定实习生是否会获得薪资或津贴，以及具体的金额。

⑤ 培训目标：合同中可能包括实习生预期获得的培训目标，以确保他们获得相关的知识和技能。

⑥ 隐私和机密：实习合同通常会要求实习生遵守保密规定，不泄露雇主的商业机密。

（二）实习合同的法律地位

实习合同的法律地位因国家、地区和法律法规而异，但通常涉及以下五个关键方面。

① 实习生是否被视为雇员：实习生的法律地位通常取决于他们在实习期间的角色和职责，如果实习生的主要任务是学习和培训，并且工作经验对他们的教育有益，那么他们可能不被视为雇员，而是受到培训者的监督。

② 薪酬：实习合同中规定的薪酬情况也会影响实习生的法律地位，如果实习生获得薪酬，那么他们可能会被视为雇员，并受到劳动法的相关规定。

③ 法定权益：根据国家和地区的法律，雇主可能需要遵守一些法定权益，如最低工资、工时限制、工伤保险等，实习生是否享有这些权益将取决

于他们是否被视为雇员。

④ 培训目标和性质：实习合同中明确的培训目标和实习的性质对于实习生的法律地位也很重要，如果实习的主要目的是教育和培训，那么他们更有可能被视为实习生，而不是雇员。

⑤ 合同内容：实习合同中的具体条款和约定也对实习生的法律地位产生影响，合同应明确规定实习生的地位和权益，以防止法律争议。

（三）实习合同的权益和义务

无论实习生被视为雇员还是受培训者的监督，实习合同通常都规定了双方的权益和义务。

1. 实习生的权益

① 学习和培训机会：实习生有权获得在实际工作环境中学习和培训的机会，以提高他们的职业技能和经验。

② 薪酬：如果合同规定实习生会获得薪酬，他们有权按照合同约定收取报酬。

③ 安全和健康：实习生有权在工作场所享有安全和健康的工作环境，并受到相关法律法规的保护。

④ 尊重和平等：实习生有权受到尊重和平等对待，不受歧视或骚扰。

⑤ 机密和隐私：实习生有义务遵守保密规定，不泄露雇主的商业机密。

2. 对雇主的义务

① 提供培训和指导：雇主有责任为实习生提供必要的培训和指导，以帮助他们完成实习任务并获得相关经验。

② 支付薪酬：如果实习合同规定薪酬，雇主有责任按照合同约定及时支付实习生的薪酬。

③ 提供工作工具和资源：雇主应当提供实习生所需的工作工具、资源和设备，以便他们履行实习任务。

④ 监督和评估：雇主应对实习生的工作进行监督，并提供反馈和评估，以帮助他们不断改进。

⑤ 遵守法律法规：雇主有责任遵守与实习相关的法律法规，包括工资法、劳动法、职业安全健康法等。

（四）实习合同的合法性和风险

尽管实习合同为雇主和实习生提供了互利的机会，但它也伴随着一些法律风险，包括以下方面。

① 法律地位不清晰：实习合同的法律地位不清晰时，可能导致争议和法律诉讼，雇主应确保合同明确规定实习生的角色和权益，以防止不必要的法律问题。

② 最低工资问题：如果实习生被视为雇员，他们可能有权获得最低工资，特别是在一些地区和国家。雇主需要了解和遵守相关法律法规。

③ 加班工资：如果实习生被要求加班工作，可能有权获得加班工资。雇主应确保合同中明确规定了加班工资的安排。

④ 社会保险和税收问题：雇主可能需要向实习生支付社会保险费用，并根据相关法律法规扣除税款，这可能会增加雇主的成本和复杂性。

⑤ 合同终止：合同终止的程序和条件需要明确规定，以防止纠纷，雇主和实习生应清楚地知道何种情况下可以解除合同。

实习合同是为实习生提供工作经验和培训的一种法律工具。实习合同的法律地位通常依赖于实习生的角色、薪酬、培训目标和法律法规。实习生和雇主都应了解实习合同的权益和义务，并确保合同明确规定了双方的权益和职责，以避免潜在的法律风险和争议。

实习合同应当被视为双方合作的契机，雇主应积极提供培训和指导，而实习生应努力学习和履行职责。通过明智的合同设计，实习合同可以为双方提供有益的经验和教育机会，为实习生的职业发展打下坚实的基础。

二、实习合同的签订与履行

实习合同是雇主和实习生之间的法律协议，用于明确双方的权利和义务，规定实习的条件和期限。签订和履行实习合同是实习过程中的关键步骤。

（一）实习合同的签订

1. 协商和准备

实习合同的签订涉及雇主和实习生之间的协商，在签署合同之前，双方需要明确以下事项。

① 实习职位和职责：确定实习生在实习期间需要承担的任务和职责，确保实习与实际工作任务相关。

② 实习期限：明确实习的期限，包括开始日期和结束日期。

③ 报酬：如果实习生将获得报酬，需要明确报酬数额、支付方式和频率。

④ 工作时间：规定每天或每周的工作时间，以及休息日和加班情况。

⑤ 实习地点：确定实习生在哪个地点履行实习，可以是公司总部、分公司、实验室、工作场所等。

⑥ 培训计划：规定实习生将接受的培训内容和计划，以确保实习与教育目标一致。

⑦ 隐私和机密：明确实习生需要遵守的保密规定，不泄露雇主的商业机密。

2. 编写合同

基于协商的结果，雇主通常会编写实习合同草案，通常包括以下要素。

① 合同的标题和日期；

② 雇主和实习生的详细信息，包括名称、地址、联系方式；

③ 实习职位和职责的详细说明；

④ 实习的期限，包括开始日期和结束日期；

⑤ 实习地点的明确规定；

⑥ 报酬的详细说明，包括薪水、津贴或其他待遇；

⑦ 工作时间和休息日的安排；

⑧ 培训内容和计划；

⑨ 机密性和隐私规定；

⑩ 解除合同的条件和程序；

⑪ 法律条款和法律管辖地；

⑫ 双方签名和日期。

3. 法律咨询

在签署实习合同之前，雇主和实习生都可以考虑寻求法律咨询，以确保合同的合法性和公平性。法律专业人员可以帮助双方理解合同的条款，确保其符合当地劳动法律法规，并为未来的法律问题提供保障。

4. 双方签署

一旦合同草案准备好，并经过双方的审查，雇主和实习生可以安排会面，在双方都满意的情况下签署合同。签署时应当确保：① 所有的合同要点和条款得到了明确的说明，双方都理解并同意；② 合同中没有遗漏关键信息，包括报酬、期限、实习地点、隐私规定等；③ 双方在签署之前充分讨论和解答了可能的疑问。

（二）实习合同的履行

实习合同一旦签署，雇主和实习生都需要履行合同中规定的权利和义务。以下是实习合同的主要履行步骤。

1. 履行工作职责

实习生应根据合同规定，履行他们的工作职责，包括按时参加工作、完成分配的任务、遵守工作规定和规程等。

2. 接受培训

实习合同通常规定实习生将接受的培训内容和计划，实习生应积极参与培训活动，并在培训结束时达到预期的学习目标。

3. 遵守隐私和机密规定

实习生需要遵守合同中关于机密和隐私的规定，不泄露公司的商业机密和敏感信息。

4. 参与评估和反馈

雇主通常会定期评估实习生的工作表现，并提供反馈。实习生应接受评估，并积极采纳反馈意见，以改进工作。

5. 遵守合同期限

实习生应当遵守实习合同中明确规定的期限，在合同规定的结束日期之前完成实习，或者在需要延长期限时与雇主协商并更新合同。

6. 解决问题和纠纷

如果在实习过程中出现问题或纠纷，雇主和实习生应积极协商解决，包括与直接主管或人力资源部门讨论，以寻求解决方案。在解决问题时，应尽量保持沟通畅通，尊重对方的立场，以达成双方都能接受的解决办法。

7. 结束合同

当实习合同期限到期时，实习生应按照合同规定的程序完成实习，一般包括编写实习报告、交还公司财产、参与终审及其他必要步骤。

（三）实习合同中的法律风险

在实习合同履行过程中，雇主和实习生都需要注意一些法律风险，以避免潜在的问题。

1. 合同解除

实习合同中通常规定了合同解除的条件和程序，双方应当遵守这些规定，以防止不必要的纠纷。如果需要解除合同，应当提前通知对方，并按照合同约定的方式进行解除。

2. 报酬和福利

如果实习合同规定了报酬、津贴或其他待遇，雇主应按时支付，未按合同约定支付报酬可能导致法律纠纷。

3. 隐私和机密性

实习合同通常要求实习生遵守保密规定，不泄露公司的商业机密。泄露机密信息可能导致法律问题，包括侵权诉讼。

4. 歧视和骚扰

雇主应确保实习生在工作场所受到平等对待，不受歧视或骚扰，违反反歧视法律法规可能导致法律责任。

5. 加班工资

如果实习合同规定了加班工资，雇主应遵守加班工资的支付要求，违反劳动法的加班工资规定可能导致雇主被罚款。

（四）实习合同的总结与建议

实习合同的签订与履行对于雇主和实习生都是非常重要的，以下是一些总结和建议。

① 明确协商和协议：在签署实习合同之前，雇主和实习生应当充分协商和明确协议的关键要点，包括报酬、实习期限、工作职责等。

② 法律咨询：雇主和实习生都可以考虑寻求法律咨询，以确保合同的合法性和公平性，避免法律风险。

③ 保持沟通：在实习期间，双方应保持积极的沟通，及时解决问题和纠纷，以确保合同的顺利履行。

④ 履行权益和义务：雇主和实习生都应积极履行合同中规定的权利和义务，包括工作职责、培训计划、隐私规定等。

⑤ 解决问题：如果出现问题或纠纷，应当采取积极措施解决，以防止法律争议。

实习合同的签订和履行应当是合作和教育的契机，旨在帮助实习生获得实际工作经验和职业技能。雇主应充分支持实习生的成长和发展，而实习生应积极学习和履行职责，以提高自己的职业竞争力。通过遵守法律法规和合同约定，实习合同可以为双方带来有益的经验和机会。

三、实习期间权益的保障

实习期间的权益保障是确保实习生在工作环境中受到合理对待的关键。实习生在实习期间应享有一定的权益和保护，以确保他们能够获得有益的工作经验，同时免受歧视、不合法解雇及不当对待。

（一）实习期间的权益保障

实习期间的权益保障应建立在平等、公平和尊重的基础上，这是雇主和实习生之间的合作关系的关键。

1. 平等和非歧视

实习生有权在工作场所受到平等对待。无论种族、性别、宗教信仰、性取向、年龄、国籍或其他个人特征如何，实习生都不应受到歧视。雇主应创建一个开放和包容的工作环境，鼓励多样性和尊重的工作氛围。

2. 安全和健康

雇主有责任确保实习生在工作中的安全和健康，这包括提供必要的培训、设备和资源，以减少工作场所的事故风险。实习生应被告知有关安全规程和应急程序，以便他们能够应对潜在的风险。

3. 合法解雇

实习合同中通常规定了解雇的条件和程序，如果雇主需要解雇实习生，应当根据合同约定的条件进行，并提前通知实习生，非法解雇可能导致法律纠纷和赔偿。

4. 工时和加班

实习生的工作时间应符合法律法规，并且不应超出合同中规定的工作时间。如果实习生需要加班，雇主通常应按照法律规定支付加班工资。

5. 薪酬和福利

实习合同中应明确规定实习生的薪酬和其他福利待遇，如果合同规定了报酬，雇主应按时支付。实习生还可以享有某些福利，如年假、病假和其他假期，这通常取决于法律法规和合同内容。

6. 隐私和机密性

实习生应遵守公司的保密规定，不泄露公司的商业机密和敏感信息。雇主应明确规定保密政策，并确保实习生了解和遵守这些规定。

7. 培训和指导

雇主有责任为实习生提供必要的培训和指导，以帮助他们完成工作任务并获得相关经验。实习生应积极参与培训活动，并在需要时寻求指导和反馈。

8. 参与评估

实习期结束时，雇主通常会对实习生的工作表现进行评估。实习生应参与评估，接受反馈和建议，以提升自己的职业技能。

（二）法律法规

实习期间的权益保障通常受到国家和地区的法律法规的监管。这些法律法规旨在保护实习生免受不公平待遇、歧视和虐待，同时确保他们在实习过程中获得合理的报酬和福利。

1. 劳动法

劳动法通常规定了工作时间、加班工资、年假、病假、解雇程序等与实习相关的事项，实习生通常受到劳动法中部分规定的保护。

2. 反歧视法

反歧视法禁止在雇佣中因为种族、性别、宗教信仰、性取向、年龄、国籍等因素歧视员工，这些法律也适用于实习生，确保他们在工作场所受到平等对待。

3. 最低工资法规

该法规规定了最低工资标准，以确保工作者（包括实习生）获得合理的报酬，实习生的薪酬应不低于法定最低工资标准。

4. 健康与安全法规

健康与安全法规定了雇主的责任，包括提供安全的工作环境、培训和应急程序，实习生在工作场所应受到这些法规的保护。

5. 实习法规

一些国家和地区制定了专门的实习法规，规定了实习生的权利和义务，以及雇主的责任，这些法规通常明确了实习期间的最大工作时间、培训内容等。

（三）实习生的权益

实习生自身也应积极参与保护自己的权益，以下是一些建议。

1. 了解权益

在开始实习之前，实习生应仔细阅读实习合同，了解合同中规定的权利和义务，如果有疑问，应及时与雇主或人力资源部门联系，寻求解答。

2. 维护隐私

实习生应遵守公司的隐私和机密性规定，不泄露商业机密和敏感信息。此外，实习生也应保护自己的个人隐私，避免受到不必要的侵犯。

3. 寻求帮助

如果实习生在工作中遇到问题、歧视或不合法的待遇，应积极寻求帮助，可以与雇主的人力资源部门、监管机构或律师联系，以寻求支持和建议。

4. 积极学习

实习是一个宝贵的学习机会，实习生应积极学习和提高自己的职业技能，参与培训、寻求反馈和不断改进工作是非常重要的。

5. 沟通

实习生应保持积极的沟通，与雇主和同事建立良好的工作关系，及时提出问题和反馈，以促进问题解决，提高工作效率。

（四）雇主的责任

雇主在保障实习生权益方面扮演着关键角色，以下是雇主的部分责任。

1. 提供培训

雇主应为实习生提供必要的培训和指导，以帮助他们完成工作任务并获得相关经验，这有助于实习生更好地融入工作环境。

2. 创建安全环境

雇主应确保工作场所的安全和健康，提供必要的安全培训，并建立应急程序，以应对潜在的风险和危险。

3. 遵守法律法规

雇主应遵守所有适用的劳动法、反歧视法和其他法律法规，具体而言包括支付最低工资、按时支付薪酬、提供合理的报酬和福利等。

4. 提供反馈和评估

雇主应定期评估实习生的工作表现，提供反馈和建议，以帮助他们改进，这有助于实习生发展职业技能。

5. 解决问题

如果实习生在工作中遇到问题或纠纷，雇主应积极解决，并提供支持。沟通和解决问题有助于维持工作环境的积极氛围。

实习期间的权益保障是确保实习生在工作环境中受到合理对待的关键因素。实习生应了解自己的权益，积极参与工作，学习和提高职业技能。雇主应遵守法律法规，为实习生提供安全的工作环境和合理的报酬。通过双方的合作和努力，实习可以成为一次有益的学习和成长机会，为实习生的职业发展奠定坚实的基础。

实习合同是保障实习生权益的重要工具之一，它明确了实习期间的权益和责任，为双方提供了法律依据。雇主应当建立积极的工作文化，鼓励实习生提出问题、反馈和建议，以改进工作流程和实习体验。

此外，社会也应关注实习生的权益保障。监管机构、工会和社会组织可以制定更严格的法律法规，以确保实习生在工作中受到平等的对待。同时，教育机构和企业可以合作，提供更多实习机会，以帮助年轻人获得实际工作经验，并提高他们的职业竞争力。

总之，实习期间的权益保障是实习生、雇主和社会共同关注的问题。通过合法的实习合同、法律法规的遵守、积极的沟通和合作，可以确保实习生在实习过程中受到合理的对待，为他们的职业发展打下坚实的基础。

第四章 劳动法律知识在大学生中的认知状况

第一节 大学生对劳动法律的认知状况

一、大学生劳动法律知识的了解程度

大学生作为社会的一部分，他们的劳动法律知识的了解程度对于他们的权益保障、职业生涯及社会的发展都具有重要意义。

（一）大学生劳动法律知识的重要性

① 维护权益：大学生在校期间、毕业后进入职场都会面临劳动权益保障的问题，了解劳动法律可以帮助他们更好地维护自己的权益，包括工资、工时、工作条件、福利等。

② 合法权益：大学生了解劳动法律，可以避免因不了解自己的权益而受到雇主的不合法对待，可以更容易地辨认违法行为，保护自己的合法权益。

③ 职业规划：大学生通常希望能够顺利进入职场，了解劳动法律可以帮助他们规划职业生涯，可以更好地选择合适的工作、雇主和行业，确保职业生涯的顺利发展。

④ 社会责任感：了解劳动法律有助于大学生培养社会责任感，可以更

好地理解和尊重法律规定，避免不道德或不合法的行为，还可以帮助他人维护劳动权益。

⑤ 减少纠纷：大学生了解劳动法律可以减少与雇主或同事之间的纠纷，可以更好地理解工作规则和法规，避免因误解而引发冲突。

（二）大学生劳动法律知识的现状

尽管劳动法律知识对大学生的重要性不言而喻，但很多大学生在这方面的了解程度相对较低，导致这一现状的原因有以下四点。

① 教育体系的不足：大学课程通常注重专业知识和理论，但较少涉及实际生活和职场所需的法律知识，劳动法律教育通常被边缘化，导致大学生对此了解不足。

② 缺乏自觉性：大学生可能认为劳动法律知识不是他们目前关注的重点，因此缺乏主动获取相关知识的意愿。

③ 信息不对称：大学生通常处于信息不对称的位置，缺乏了解劳动法律的渠道和资源，他们可能不知道如何获得相关信息，或者觉得了解劳动法律复杂而困难。

④ 文化差异：不同文化背景和地区的大学生可能对劳动法律的了解程度存在差异，一些文化中可能很注重法律规定，而另一些文化中可能不太重视这方面的知识。

（三）如何提高大学生的劳动法律知识

提高大学生的劳动法律知识需要多方面的努力，包括教育、个人努力和社会支持。

① 教育改革：大学和高等教育机构可以重新评估课程设置，将劳动法律知识纳入课程内容，或者提供可选的劳动法律课程，教育体系应该更多关注实际生活和职场所需的法律知识。

② 宣传和教育活动：学校可以组织讲座、研讨会、讨论会等活动，以

提高大学生对劳动法律的认知。专业律师和从业者可以被邀请分享他们的经验和知识。

③ 在线资源和工具：学校和政府可以提供在线资源和工具，如法律指南、案例研究、常见问题解答等，帮助大学生了解劳动法律。

④ 社会组织和工会：学生可以积极参与社会组织和工会，这些组织通常提供劳动法律知识和支持，学生可以通过这些组织了解权益保障和维权渠道。

⑤ 个人努力：大学生应该主动寻求劳动法律知识，可以阅读相关书籍、参与在线课程、查阅政府网站上的法律文件等。此外，可以咨询法律专业人士或寻求法律咨询，以解决特定问题或了解个人权益。

⑥ 实践经验：大学生可以通过实习、兼职工作或志愿活动积累与劳动法律相关的实践经验，实际工作经验可以帮助他们更好地理解劳动法律的应用和意义。

⑦ 案例分析：学校可以组织学生参与劳动法律案例的分析和讨论，帮助他们理解实际案例中的法律问题和解决方法，这有助于提高大学生的实际应用能力。

⑧ 跨学科教育：大学可以鼓励跨学科教育，将劳动法律与其他领域相结合，如商业、管理、心理学等，这有助于学生更全面地了解劳动法律的重要性。

大学生劳动法律知识的了解程度对于他们的职业生涯和权益保障至关重要。通过教育改革、社会宣传、在线资源和个人努力，大学生可以提高对劳动法律的认知水平。此外，雇主和社会组织也可以发挥重要作用，提供支持和培训，帮助大学生更好地理解和应用劳动法律知识。

二、大学生对相关法规的认知状况

大学生对相关法规的认知状况是一个复杂而重要的问题，涉及他们对法律法规的了解程度、对法律知识的关注程度及对法律在日常生活和职业生涯中的应用。

（一）大学生对相关法规的认知状况

1. 了解程度不一

大学生对相关法规的了解程度存在差异，一些学生可能在高中或大学课程中接触到一些法律知识，对一般的法律法规有一定的了解，但并不深入；另一些学生可能对法律一窍不通，对法规一无所知。

2. 专业相关性

大学生的专业领域会影响其对相关法规的认知，学习法律、政治科学、商法等与法律相关的专业的学生通常对法规有更深入的了解，因为这些专业通常包括法律课程。相反，学习科学、工程、艺术等与法律无直接关联的专业的学生可能对法律法规了解较少。

3. 学校和地区差异

学校和地区的差异也会影响大学生对法规的认知程度，一些学校可能更注重法律法规的教育，提供相关的课程和资源，从而使学生更容易接触到法律知识。另外，法规在不同地区和国家可能存在差异，导致学生对不同地区的法规了解不同。

4. 个人兴趣和关注度

大学生的个人兴趣和关注度也会影响其对法规的认知，一些学生可能对法律法规感兴趣，主动学习和了解相关知识；而另一些学生可能对法律不感兴趣，对法规的了解局限于基本知识。

（二）导致认知不足的原因

1. 教育体系的不足

教育体系通常将法律教育作为选修课程，而不是必修课程，这导致大部分大学生没有机会接触到深入的法律知识。此外，一些学校可能没有足够的法律教育资源，这限制了学生对法规的了解。

2. 专业局限性

大学生的专业领域通常决定了他们接触到的知识范围，与法律无直接关联的专业可能会忽略法律法规的重要性，导致学生对法律知识了解不足。

3. 缺乏自觉性

一些大学生可能缺乏主动获取法律知识的自觉性，他们可能认为法律与他们的专业或兴趣无关，因此缺乏学习法律的动力。

4. 信息不对称

大学生通常处于信息不对称的位置，缺乏了解法律法规的渠道和资源。他们可能不知道如何获得相关信息，或者觉得了解法律复杂而困难。

5. 缺乏相关经验

一些大学生可能没有实际的职业经验，因此缺乏了解法规在职场中的应用的机会，他们可能不了解法规对他们职业生涯的重要性。

（三）提高大学生对法规的认知水平

为提高大学生对相关法规的认知水平，可以采取以下措施。

1. 教育改革

学校可以重新评估课程设置，将法律知识纳入更多的课程中。法律教育应该更注重实际生活和职场所需的法律知识，而不仅是理论性的法律课程。

2. 提供法律课程

学校可以提供法律课程，无论学生的专业是什么。这些课程可以包括基础法律知识、劳动法、合同法、消费者权益保护法等内容。

3. 法律知识宣传

学校可以组织法律知识宣传活动，如讲座、研讨会、法律咨询等，以提高学生对法规的认知。

4. 在校实践机会

学校可以与相关法律机构合作，为学生提供在校实践机会，比如，可以让学生将法律知识应用到实际情况中。

5. 在校组织和俱乐部

学生可以加入法律俱乐部或相关的学生组织，这些俱乐部和组织提供了法律知识分享和交流的平台，可以帮助学生更深入地了解法规。

6. 法律资源

学校可以提供法律资源，如法律图书馆、在线法律数据库等，以帮助学生更好地获取法律信息和文献。

7. 在职实习和兼职工作

学生可以通过在职实习和兼职工作积累与法律相关的实际经验，这有助于他们将法规应用到实际工作中，了解法律在职场中的重要性。

8. 跨学科教育

学校可以鼓励跨学科教育，将法律与其他专业领域相结合，这有助于学生更全面地了解法规的应用和影响。

9. 社会支持

社会组织、法律机构和政府可以提供支持和资源，比如法律宣传活动、法律咨询服务和法律知识普及计划，帮助大学生提高对法规的认知水平。

大学生对相关法规的认知状况直接关系到他们的权益保障、职业生涯和社会责任。通过教育改革、提供法律课程、法律知识宣传、实践机会和社会支持，可以提高大学生对法规的认知水平，有助于培养更懂法律、更负责任的公民，促进社会的法治化和公平发展。此外，大学生也应该主动寻求法律知识，了解法规的重要性，以更好地维护自己的权益并为社会作出积极贡献。

三、大学生在关键问题上的知识盲区

大学生作为社会的未来，其知识水平和意识形态对于解决关键问题至关重要。然而，大学生存在一些知识盲区，这些盲区可能会对他们的决策、行为和社会参与产生重要影响。下面将讨论大学生在一些关键问题上的知识盲区，并探讨如何弥补这些盲区。

（一）政治与公民参与

1. 政治体制和运作

大学生通常对国家政治体制和政府运作了解不足，可能不清楚国家的政治结构、政府的职能、法律的制定程序等，这可能导致他们对政治决策和政府行为的理解不足，难以积极参与政治。

2. 选举和投票

一些大学生可能对选举和投票流程缺乏了解，可能不知道如何注册成为选民不知道投票时间、地点及如何理解候选人的政策和立场，这可能导致他们在选举中没有充分行使自己的选民权利。

3. 公民权益和义务

大学生可能不够了解公民权利和义务，如言论自由、示威游行权、纳税义务等，这可能会妨碍他们维护自己的权益，或者不理解自己对社会的责任。

（二）环境与可持续发展

1. 气候变化

虽然气候变化是全球关注的问题，但一些大学生可能对气候科学和环境影响了解不足，可能不清楚气候变化的原因、后果和可持续发展的必要性。

2. 可持续生活方式

大学生可能对可持续生活方式的实际做法了解不足，如节能减排、循环经济、减少塑料使用等，他们可能没有意识到自己的生活方式对环境的影响。

3. 环境政策

一些大学生可能对环境政策和国际协议了解不足，可能不清楚政府和国际组织采取了哪些措施来应对气候变化和环境污染。

（三）社会正义和平等

1. 种族和性别平等

大学生可能对种族和性别平等问题的历史和现实了解不足，可能不清楚种族歧视、性别歧视和不平等问题的根本原因和复杂性。

2. 社会不平等

一些大学生可能不了解社会不平等问题，如贫富差距、社会排斥、机会不平等等，可能没有意识到社会不平等对整个社会的稳定和繁荣产生了负面影响。

3. 社会运动和抗议

大学生可能对社会运动和抗议活动的历史和目标了解不足，可能不清楚社会运动如何推动社会变革和促进社会正义。

（四）数字素养和网络安全

1. 数字隐私

一些大学生可能对数字隐私和数据安全了解不足，他们可能不了解如何保护个人信息免受网络侵犯。

2. 网络骗局和风险

大学生可能对网络骗局和网络风险了解不足，可能容易受到网络欺诈、钓鱼攻击和网络犯罪的威胁。

3. 媒体识别和信息素养

大学生可能对媒体和信息的可信度了解不足，可能难以识别假新闻、虚假信息和网络谣言。

（五）心理健康与心理知识

1. 心理健康问题

大学生可能不够了解心理健康问题，如抑郁症、焦虑症等，可能不知道如何识别这些问题或者寻求专业帮助。

2. 心理护理和自我关怀

一些大学生可能缺乏心理护理和自我关怀的知识，可能不了解如何应对压力、焦虑和情绪困扰，以保持心理健康。

（六）就业与职业发展

1. 职业规划

大学生可能对职业规划了解不足，比如，如何制定职业目标、寻找工作机会和发展职业技能。

2. 职场权益

大学生可能对职场权益的法律知识了解不足，如劳动法规、雇佣合同、工资谈判等，这可能导致他们在职场中受到不公平待遇。

（七）全球问题和国际事务

1. 国际冲突和外交政策

大学生可能对国际冲突、外交政策和国际事务了解不足，可能不清楚国际组织、国际协定和国际援助的作用和重要性。

2. 全球卫生和流行病

一些大学生可能对全球卫生问题和流行病的认识不足，如大流行病的预防、全球卫生政策和卫生不平等问题，这可能导致他们对全球卫生紧急情况响应不当。

（八）科技和创新

1. 科技伦理

大学生可能对科技伦理问题了解不足，如人工智能的伦理、隐私问题和生物技术的伦理，这可能导致他们在科技领域的决策和行为中忽视伦理。

2. 创新与创业

一些大学生可能不了解创新和创业的机会和挑战，可能不清楚如何将创新想法转化为实际项目或企业。

（九）文化多样性和尊重

1. 跨文化沟通

大学生可能对跨文化沟通和文化多样性的知识不足，可能不了解不同文化之间的沟通方式和文化差异。

2. 文化尊重

一些大学生可能不够尊重不同文化和价值观，可能缺乏跨文化尊重的意识，可能因文化冲突或误解而导致不良后果。

（十）人权和社会责任

1. 人权问题

大学生可能对人权问题的广泛范围不了解，如言论自由、宗教自由、性别平等、性取向多样性等，可能缺乏对人权保护的认知。

2. 社会责任

一些大学生可能不了解社会责任和慈善活动的重要性，可能忽视社会问题和贫困问题，以及个人在社会变革中的作用。

四、弥补大学生的知识盲区

为弥补大学生的知识盲区，可以采取以下措施。

1. 教育改革

学校应重新评估课程设置，将关键问题和相关知识纳入不同专业的课程中。教育体系应该更加注重培养公民素养和社会责任感。

2. 多学科教育

学校可以鼓励多学科教育，将不同领域的知识相互整合，这有助于学生更全面地了解关键问题。

3. 社会参与

学校可以鼓励学生积极参与社会活动、志愿服务、社会运动和政治活动，这可以帮助他们亲身体验并了解关键问题。

4. 知识宣传

学校可以组织讲座、研讨会、知识宣传活动，以提高学生对关键问题的认识；专家和从业者可以被邀请分享他们的知识和经验。

5. 在校实践

学校可以提供在校实践机会，让学生将知识应用到实际问题中，这可以帮助他们更好地理解关键问题的复杂性。

6. 社会组织支持

学生可以积极参与社会组织和非政府组织，这些组织通常致力于解决关键问题。学生可以通过这些组织了解问题的深层原因、了解如何参与解决方案的制定和实施。

7. 自主学习

学生应该主动寻求知识，通过阅读书籍、参与线上课程、参观展览和博物馆等方式，扩展自己的知识领域。

大学生的知识盲区可能会对他们的决策、行为和社会参与产生重要影响。通过教育改革、多学科教育、社会参与、知识宣传和自主学习，可以帮助大学生弥补知识盲区，更好地理解和应对关键问题。这将有助于培养更具社会责任感、全面素养的公民，促进社会的可持续发展和进步。

第二节　大学生对就业合同的理解

一、大学生对合同主要条款的理解程度

大学生对合同主要条款的理解程度是一个重要而复杂的问题，本节将探讨大学生对合同主要条款的理解程度，分析可能导致理解不足的原因，以及如何提高他们的合同法律素养。

（一）合同与大学生

合同是现代社会中商业和日常生活中的基本元素，涉及各种法律关系和责任。大学生不仅是合同的签署方，还将在未来的职业生涯和生活中频繁接触合同，因此，他们对合同的理解是至关重要的。

1. 合同的定义

大学生是否理解合同的基本概念和定义是一个关键问题，他们需要知道合同是一种法律文件，规定了各方之间的权利和责任，以及在合同履行中的法律后果。

2. 合同的主要要素

了解合同的主要要素是至关重要的，这包括合同各方的身份、合同的目的、法定要素（如合法目的和合法对象）、合同的形成方式、对价、履行期限等。

3. 条款和条件

大学生需要理解合同中的条款和条件，包括明确的权利和责任陈述、条件和保证，以及可能的违约条款，他们需要知道如何解释和解读这些条款，以及它们的法律效力。

4. 违约和救济

理解违约和救济是合同理解的重要组成部分，大学生需要了解当一方未能履行合同时可能发生的法律后果，以及受益方可以采取的救济措施，如索赔、损害赔偿等。

（二）大学生理解合同面临的挑战

尽管大学生在学术上接触到一些法律课程，但他们在理解合同的过程中仍然可能面临一些挑战。

1. 法律知识的不足

大多数大学生不是法律专业的学生，因此，他们可能对合同法律的知识了解不足。合同法是复杂的法律领域，需要具备深入的法律知识。

2. 专业领域的差异

不同专业的大学生可能在特定领域的合同要求上有不同的了解程度，例如，商学院的学生可能更容易理解商业合同，而工程学院的学生可能更了解施工合同。

3. 术语和语言

合同通常使用专业化的术语和法律语言，解释和理解这些术语需要额外的法律知识，这对非法律专业的学生来说可能比较困难。

4. 缺乏实践经验

大多数大学生缺乏与合同相关的实际经验，可能不了解在合同签署和履行中可能出现的问题和挑战。

5. 不足的法律教育

一些学校可能没有提供足够的法律教育，或者法律课程可能不够实际，难以将法律知识应用到实际生活和职业中。

（三）提高大学生对合同的理解程度

为提高大学生对合同主要条款的理解程度，可以采取以下措施。

1. 增加法律课程

学校可以增加法律课程的数量和种类，这些课程可以包括合同法、商法、法律写作和法律实践，以确保学生接触到合同法等基本法律领域。

2. 实际案例分析

教学应注重实际案例分析，让学生通过分析真实合同案例来理解合同法的应用。这有助于将理论知识与实际情况联系起来。

3. 讲座和研讨会

学校可以邀请法律专家和从业者来举办讲座和研讨会，讲解合同法和合同实践，学生可以从实际经验中学习。

4. 实际合同项目

学校可以引入实际合同项目，让学生模拟合同签署和履行的情境，以锻炼他们的合同技能。

5. 跨学科教育

学校可以鼓励跨学科教育，将合同法与其他领域相结合，如商业、工程、医疗保健等，这有助于学生更好地了解合同的应用领域。

6. 案例法学习

学校可以采用案例法教学，通过讲解实际案例来帮助学生理解合同法的应用，这种方法可以帮助学生思考合同的各种情景和潜在问题，以便更好地为他们将来的职业生涯作准备。

7. 法律资源和支持

学校可以提供法律资源，如法律图书馆、在线法律数据库等，帮助学生深入研究合同法相关问题。

8. 实践经验

学生可以通过实习、兼职等积累合同相关的实际经验，这将有助于将理论知识转化为实际技能。

大学生对合同主要条款的理解程度对他们的职业生涯和生活至关重要。通过增加法律课程、实际案例分析、讲座和研讨会、实际合同项目、跨学科教育、案例法学习、法律资源和支持等，可以提高大学生的合同理解程度。这将有助于他们更好地应对合同相关问题，维护自己的权益，在职场和生活中更好地运用合同法律知识。这不仅有利于大学生个人，也有利于整个社会的法治化和公平交易。

二、大学生对履行合同义务的认知状况

大学生对履行合同义务的认知状况是一个重要的问题，因为这涉及他们在日常生活和未来职业中签署和执行合同的能力。

（一）履行合同义务的重要性

了解履行合同义务的重要性是理解问题的第一步，合同是一种法律文件，规定了各方之间的权利和责任，以确保合同的公平和公正执行。

1. 实现合同目标

履行合同是确保合同目标得以实现的关键因素，当各方按照合同规定履行义务时，才能实现合同的目标，如货物的交付、服务的提供、付款的完成等。

2. 避免法律后果

不履行合同义务可能导致法律后果，如违约责任、损害赔偿等，大学生需要了解这些后果，以避免法律问题和争议。

3. 维护信誉和声誉

履行合同义务有助于维护个人和组织的信誉和声誉，信守承诺对于建立良好的商业关系和社交关系至关重要。

4. 保障个人和财产权益

合同的履行有助于保障各方的权益，当一方未能履行义务时，另一方可能受到损害，因此，履行合同是保障权益的手段之一。

（二）大学生对履行合同义务的认知挑战

尽管大学生在学校中接触到一些法律和商业课程，但他们在理解履行合同义务的过程中仍然可能面临一些挑战。

1. 实际经验的不足

大学生通常缺乏实际履行合同的经验，可能不清楚在实际生活和职业中履行合同的具体步骤和要求。

2. 法律术语和术语的理解

合同通常使用专业化的法律术语，解释和理解这些术语需要额外的法律知识，这对非法律专业的学生来说可能比较困难。

3. 缺乏法律教育

一些学校可能没有提供足够的法律教育，或者法律课程可能不够实际，难以将法律知识应用到实际生活和职业中。

4. 欠缺合同法律意识

一些大学生可能没有意识到合同是法律文件，需要按照法律规定履行，他们可能对合同的法律性质和后果缺乏认知。

（三）提高大学生的合同履行意识

为提高大学生对合同履行义务的认知，可以采取以下措施。

1. 强调合同法律意识

学校可以强调合同法律意识，帮助学生认识到合同是法律文件，需要按照法律规定履行。法学教育应该涵盖合同的法律性质和后果，以便学生更好地理解其重要性。

2. 知情同意

学校和教育机构可以在学生签署合同之前，特别是在涉及学费、住宿、课程和其他学术事务的合同时，应提供充分的知情同意和法律顾问支持。这有助于确保学生清楚合同内容和义务。

大学生对合同履行义务的认知状况至关重要，因为这直接影响他们在个人生活和职业中签署和执行合同的能力。通过强调合同法律意识、知情同意等措施，可以提高大学生的合同履行意识，帮助他们更好地维护自己的权益，避免法律问题和争议，建立信誉和声誉。这将不仅有助于大学生个人，也有利于整个社会的法治化和公平交易，促进经济和社会的稳定与繁荣。

三、大学生对合同争议解决机制的了解

大学生对合同争议解决机制的了解关乎他们未来的职业生涯和日常生活。合同争议解决机制涵盖了一系列方法和程序，用于处理合同履行中可能发生的问题和冲突。

（一）合同争议解决机制的重要性

了解合同争议解决机制的重要性对大学生至关重要。在日常生活和职业中，合同是普遍存在的，但难免会出现问题和争议。合同争议解决机制的目的是为了帮助各方解决争端，确保合同稳定执行，保障各方的权益，避免法律纠纷。

1. 避免法律纠纷

了解合同争议解决机制有助于各方在争议发生时尽早采取适当的措施，以避免法律纠纷的升级，这可以节省时间、金钱和精力。

2. 维护商业关系

在商业领域，维护商业关系至关重要，合同争议的处理方式可以影响未来的合作和合同关系。采取适当的争议解决机制，各方可以保持良好的商业关系。

3. 确保合同执行

合同争议解决机制有助于确保合同得以执行，当争议得到妥善解决后，各方更有可能遵守合同，执行合同义务。

4. 保护个人和财产权益

了解合同争议解决机制对于保护各方的权益至关重要，合同可能涉及大量资金和重要权益，合同争议解决机制可以确保这些权益得到充分保护。

（二）大学生对合同争议解决机制的认知挑战

大学生在理解合同争议解决机制方面可能面临一些挑战。

1. 法律知识的不足

大多数大学生不是法律专业的学生，可能对合同法律的知识了解不足。合同争议解决机制通常涉及法律程序和法律术语，这对非法律专业的学生来说可能难以理解。

2. 缺乏实际经验

大学生通常缺乏实际合同争议解决的经验，可能不清楚在实际生活和职业中如何处理合同争议，以及应该采取哪些步骤。

3. 多样的争议解决机制

合同争议解决机制包括多种方式，如谈判、调解、仲裁和诉讼，了解这些不同的机制及何时使用它们可能对学生来说是一个挑战。

4. 法律术语和程序的复杂性

合同争议解决涉及复杂的法律术语和程序，解释和理解这些法律概念需要额外的法律知识，这可能让学生感到困惑。

5. 欠缺合同争议解决意识

一些大学生可能没有意识到合同争议解决机制的重要性，他们可能认为争议不太可能发生，或者在争议发生时会自行解决。

（三）提高大学生的合同争议解决意识

为提高大学生对合同争议解决机制的了解，可以采取以下措施。

1. 法律课程

学校可以增加法律课程，特别是涉及合同法和争议解决机制的课程，这将帮助学生建立合同法律知识的基础。

2. 模拟练习

学校可以组织模拟练习，让学生参与角色扮演，模拟合同争议解决过程，这有助于他们熟悉解决争议的步骤和技巧。

3. 法律资源和支持

学校可以提供法律资源，以帮助学生深入研究合同法和争议解决机制，学生可以通过咨询法律专家来获取必要的指导和信息。

4. 跨学科教育

学校可以鼓励跨学科教育，将合同争议解决机制与其他领域相结合，这有助于学生更好地了解不同领域的争议解决需求。

5. 法律意识教育

学校可以强调法律意识教育，教育学生认识到合同争议解决机制的重要性，以及如何在实际生活和职业中应用这些机制。

大学生对合同争议解决机制的了解对于他们未来的职业生涯和日常生活至关重要。通过增加法律课程、模拟练习、法律资源和支持、跨学科教育、法律意识教育等措施，可以提高大学生的合同争议解决意识，帮助他们更好地处理合同争议，维护自己的权益，避免法律问题和争议。了解合同争议解决机制是一个不断学习和提高的过程，它是一个关乎个人和社会发展的重要方面。

第三节　大学生对实习劳动合同的知晓程度

一、实习合同的签订与主要内容的认知

实习合同是大学生职业生涯中的一部分，它扮演着重要的角色，旨在规定实习的权利、义务和期限。了解实习合同的签订过程和主要内容对大学生来说至关重要，因为这涉及他们的实习经历和未来职业发展。

（一）实习合同的签订过程

实习合同是一份书面文件，它规定了实习生和实习单位之间的权利和义务，以及实习的相关细节。

1. 搜索实习机会

签订实习合同的第一步是搜索实习机会，学生可以通过学校的职业发展中心、在线招聘平台、个人关系和社交媒体来寻找实习机会，一旦找到感兴趣的实习职位，就可以开始考虑签署实习合同。

2. 接受实习职位

一旦学生获得实习机会并接受了实习职位，接下来的步骤是与实习单位协商并签署实习合同。在接受实习职位之前，学生通常会接受一次面试或评

估，以确定是否适合该职位。

3. 协商合同条款

实习合同的签订过程通常涉及协商合同条款，包括实习期限、工作内容、工作地点、工资或补偿、工作时间、休假政策、保密条款、终止条件和其他重要条款。双方需要就这些条款达成一致意见，并确定合同的具体细节。

4. 签署合同

一旦双方就合同的所有条款达成一致，实习合同将被书面签署。签署合同是一个正式的过程，通常要求双方亲笔签名并确认合同的有效性。有时候，电子签名也可以被接受，具体规定会因国家和地区而异。

5. 保留副本

每当签署实习合同时，建议双方各保留一份合同的副本以备将来参考。这有助于确保合同的条款被遵守，并提供了争议或纠纷出现时需要的证据。

（二）实习合同的主要内容

实习合同的主要内容是合同中定义实习双方的权利和义务的部分，以下是实习合同中可能包含的主要内容。

1. 双方信息

实习合同通常会列出实习生和实习单位的详细信息，包括名称、地址、联系方式等。

2. 实习期限

合同中会明确规定实习的起始日期和结束日期，以及实习的持续时间。这有助于双方了解实习的具体时间范围。

3. 工作内容

合同应明确描述实习生的工作职责和任务，包括实习生需要完成的具体工作项目、任务和目标。

4. 工作时间和地点

实习合同通常规定实习的工作时间，包括每天的工作小时数和工作日。

同时，合同也会指定实习的工作地点，如公司总部或分支机构。

5. 补偿和待遇

合同会明确规定实习生的薪酬或补偿，以及支付方式（如每月、每周或每小时）。此外，合同还可以包括其他待遇，如福利、假期和职业培训。

6. 保密条款

实习合同通常包括保密条款，要求实习生在实习期间和之后不得泄露公司的机密信息，这有助于保护公司的商业机密。

7. 终止条件

合同中应明确规定终止实习的条件，包括双方提前通知的要求、终止合同的原因和程序等。

8. 法律义务

合同通常包括一项法律义务，要求实习生和实习单位遵守适用的法律和法规，包括劳动法、知识产权法和其他相关法律。

9. 签署日期

合同的最后部分是双方签署日期，签署合同并注明签署日期是合同生效的标志。

（三）重要的实习合同注意事项

在签署实习合同之前，大学生需要注意以下重要事项。

1. 仔细阅读合同

在签署合同之前，学生应仔细阅读合同的所有条款，确保理解其中的内容，如果有任何不清楚的地方，应该咨询实习单位或法律顾问以获得解释。

2. 谈判条款

如果学生对合同中的特定条款有疑虑或想要修改，可以与实习单位进行协商。在一些情况下，实习单位可能愿意在合同中进行适度的修改以满足双方的需求。

3. 知晓法律权益

大学生应该了解他们的法律权益，特别是与实习相关的劳动法和就业法规，这有助于他们保护自己的权益并确保合同条款合法合规。

4. 保留复印件

在签署合同后，学生应保留一份合同的复印件，以备将来参考，这有助于在争议或纠纷出现时提供证据。

5. 寻求法律建议

如果学生对合同的任何方面感到担忧或需要法律建议，他们应该咨询法律顾问或法律专家，以寻求专业的指导和建议。

了解实习合同的签订过程和主要内容对大学生非常重要。在签署实习合同之前，学生应仔细阅读合同、了解法律权益、与实习单位协商并确保理解合同的所有条款。通过遵守合同、保护自己的权益和尊重实习单位的权益，学生可以获得有益的实习经验，为未来的职业生涯打下坚实的基础。实习合同不仅是一份法律文件，也是实习生和实习单位之间建立互信和合作的重要工具。

二、实习期间权益保障的认知状况

实习期间权益保障的认知状况是一个重要问题，关系到实习生在职场中的权益和待遇。大学生在实习期间需要了解自己的权益，以便维护自身权益、避免受到不当对待，并确保实习经验的质量。

（一）实习期间权益保障的重要性

实习期间权益保障是确保实习生在职场中获得公平待遇和保护的关键因素。以下是实习期间权益保障的作用。

1. 保护权益

实习生在实习期间享有基本权益，如薪酬、工作条件、工作安全、平等待遇等，了解和维护这些权益对于实习生的职业发展至关重要。

2. 避免不当对待

在某些情况下，实习生可能受到不当对待，如加班过度、薪酬问题、歧视、骚扰等，权益保障有助于避免这些问题的发生。

3. 提高职业素养

了解和维护权益有助于提高实习生的职业素养，包括学习如何与雇主和同事有效沟通、解决问题，并维护自己的权益。

4. 建立职业信誉

维护权益有助于建立良好的职业信誉，雇主更愿意雇佣那些能够维护自己权益并与他人合作的实习生。

（二）大学生对实习期间权益保障的认知挑战

大学生在理解实习期间权益保障方面可能面临一些挑战，主要包括以下四个方面。

1. 缺乏法律知识

大多数大学生不是法律专业的学生，他们可能对劳动法和权益保障法规了解不足，这使得他们在实习期间难以识别和维护自己的权益。

2. 缺乏实际经验

大多数大学生在实习之前没有实际职场经验，他们可能不清楚在实际工作场所中应该期望什么，以及如何应对可能出现的问题。

3. 恐惧和不确定性

一些大学生可能因为担心丧失实习机会或对雇主提出权益要求感到不安，这种恐惧和不确定性可能导致他们不敢维权。

4. 欠缺权益保障意识

一些大学生可能不清楚在实习期间应当享有的权益，不知道如何识别权益受到侵犯的情况，他们可能认为实习是一种学习经验，不应过多关注权益问题。

（三）提高大学生对实习期间权益保障的认知

为提高大学生对实习期间权益保障的认知，可以采取以下措施。

1. 法律教育

学校可以提供法律教育，包括劳动法和权益保障法规的基本知识，学生应了解自己在实习期间享有的权益及如何维护这些权益。

2. 职业辅导

学校可以提供职业辅导服务，帮助学生了解职业道德和权益保障的重要性。职业辅导的内容包括帮助学生学会维护自己的权益、处理职场问题，以及建立良好的职业素养。

3. 实际案例分析

教学应包括实际案例分析，以让学生了解实际职场中可能出现的问题和权益保障的应对方法，学生通过分析真实案例可以更好地理解这些问题。

4. 角色扮演和模拟练习

学校可以组织角色扮演和模拟练习，让学生模拟职场场景，学习如何应对不同情况，维护权益并解决问题。

5. 跨学科教育

学校可以鼓励跨学科教育，将权益保障的概念与不同领域的学科结合起来，帮助学生了解权益保障在不同职业和行业中的应用。

6. 实习单位的协助

实习单位也可以在学生开始实习之前提供相关信息和培训，以确保实习生了解他们的权益和职场规则。

7. 意识提升

学校和实习单位可以共同提高学生的权益保障意识，通过举办研讨会、讲座、培训课程和公开讨论来加强学生对这一重要话题的认知。

大学生对实习期间权益保障的认知至关重要，因为这关系到他们在职场中的权益和待遇。通过法律教育、职业辅导、实际案例分析、角色扮演和模拟练习、跨学科教育、实习单位的协助、权益保障意识提升等措施，可以提高大学生对实习期间权益保障的认知水平，这将有助于他们更好地维护自己的权益、避免受到不当对待，并确保实习经验的质量。实习期间权益保障不仅有助于大学生的职业发展，也有利于提高职场的道德水平，推动整个社会向更加公正和平等的方向发展。

三、实习合同解除与终止的了解程度

实习合同解除与终止的了解程度对大学生在实习过程中维护自身权益和处理职场问题至关重要。实习合同解除与终止涉及一系列法律和合同规定，涵盖了双方当事人的权利和义务。

（一）实习合同解除与终止的重要性

实习合同解除与终止是确保实习生与实习单位之间合法和公平结束实习关系的重要机制，了解实习合同解除与终止的有关规定至关重要。

1. 维护权益

了解实习合同解除与终止的规定有助于实习生维护自身的权益，如薪酬、工作条件、合同期限等各种权益，确保实习结束时能够合法获得相应的权益。

2. 解决问题

实习期间可能会出现问题，如工资拖欠、工作条件不符、不当对待等，了解合同解除与终止的方式和程序有助于实习生解决这些问题，并采取适当的措施。

3. 遵守法律

实习合同解除与终止通常受到国家和地区的劳动法规定的影响，遵守法律要求是重要的，以避免法律纠纷和法律责任。

4. 顺利过渡

了解合同解除与终止的规定也有助于实习单位和实习生实现顺利过渡，

包括交接工作、归还公司资产和实习的圆满结束。

（二）大学生对实习合同解除与终止的了解挑战

大学生在理解实习合同解除与终止方面可能面临一些挑战，具体包括以下四个方面。

1. 法律知识的不足

大多数大学生不是法律专业的学生，对劳动法律和合同解除与终止的法律规定了解有限。合同解除与终止涉及法律程序和法律术语，这可能对非法律专业的学生来说颇具挑战。

2. 缺乏实际经验

大学生通常缺乏实际职场经验，不清楚如何应对实际工作场所中可能出现的问题。他们可能不知道在实际工作中如何终止合同，以及如何应对终止通知。

3. 恐惧和不确定性

一些大学生可能害怕在实习期间提出合同解除与终止的问题，因为他们担心这会影响他们的职业前景或与雇主的关系，这种恐惧和不确定性可能阻碍他们维权。

4. 欠缺解决问题的技能

解决问题和维护权益需要特定的技能，如沟通、谈判、法律知识等，大学生可能缺乏这些技能，这使他们不知如何处理合同解除与终止的问题。

（三）提高大学生对实习合同解除与终止的认知

为提高大学生对实习合同解除与终止的认知，可以采取以下措施。

1. 法律教育

学校可以提供法律教育，包括劳动法和合同解除与终止的法律规定，这有助于学生了解法律框架、相关法规，以及和实习合同解除与终止相关的法律义务。

2. 实际案例分析

教学应包括实际案例分析，让学生了解实际职场中可能出现的问题和权益保障的应对方法，通过分析真实案例，学生可以更好地理解这些问题。

3. 角色扮演和模拟练习

学校可以组织角色扮演和模拟练习，帮助学生模拟合同解除与终止的情境，学习如何应对不同情况，维护权益并解决问题。

4. 职业辅导

学校可以提供职业辅导服务，帮助学生了解职场道德和维护权益的重要性，了解如何与雇主和同事有效沟通、解决问题。

5. 实际经验

通过实习经验，学生可以积累实际职场经验，了解合同解除与终止的实际应用。实习单位也可以在实习开始前提供相关信息和培训，以确保学生了解终止合同的程序。

大学生对实习合同解除与终止的了解程度对于他们在职场中的权益和职业发展具有重要影响。通过法律教育、实际案例分析、角色扮演、模拟练习、职业辅导和实际经验，可以提高大学生对实习合同解除与终止的认知水平。这将有助于他们更好地了解法律规定和程序，维护自己的权益，解决问题，并确保实习的圆满结束。同时，实习单位也有责任为实习生提供相关信息和培训，帮助他们了解合同解除与终止的程序和规定。这有助于建立公平和合法的实习环境，促进职场的公平和道德发展。

第五章　大学生劳动法律知识教育的现状与需求

第一节　大学生法律课程设置的情况

一、大学生法学课程的开设状况

法学作为一门重要的社会科学学科，为培养具备法律知识和法律思维的专业人才提供了重要的支持。随着社会的不断发展和法律体系的不断完善，法学课程在大学教育中扮演着至关重要的角色。本节将探讨大学生法学课程的开设状况，包括其课程内容、教学方法、教材选用、师资队伍、学习资源等方面的情况，以深入了解这一领域的发展和面临的挑战。

（一）法学课程的开设情况

1. 法学课程的分类

大学生法学课程通常包括两大类别：必修课和选修课。必修课程主要包括宪法学、刑法学、民法学、行政法学、经济法学、国际法学等，这些课程为学生提供了法学的基础知识和理论框架。选修课则根据学生的兴趣和专业方向提供更广泛的选择，如劳动法学、环境法学、知识产权法学等。

2. 课程设置多样性

不同学校的法学课程设置有一定的差异，以满足不同学生的需求和学校的定位。一些学校可能更注重刑法、民法等基础法学领域的教育，而其他学校则可能更注重国际法、商法等特定领域的深化研究。这种多样性有助于培养不同领域的法律专业人才。

3. 实践性课程

除了传统的法学理论课程，一些大学还提供实践性的法学课程，如模拟法庭、法律实习、法律写作等。这些课程有助于学生将理论知识应用于实际情境中，培养他们的法律实践能力。

（二）法学课程的内容

1. 基础法学知识

法学课程的内容通常包括基础法学知识，如法律体系、法律理论、法律史等。这些内容为学生提供了法律思维和法律分析的基础。

2. 法学专业领域

法学课程还涵盖了各种法学专业领域的内容。例如，刑法课程涵盖了刑法法律体系、罪与刑、刑法程序等内容；民法课程包括了合同法、侵权法、家庭法等内容；国际法课程涉及国际法的原则、国际法律体系、国际争端解决等。

3. 法律伦理和职业道德

法学课程通常也包括法律伦理和职业道德的内容，强调法律从业者应该具备的道德标准和职业责任。

4. 最新法律动态

由于法律领域的不断变化和发展，法学课程通常会涵盖最新的法律动态，包括最新的法律法规，这有助于学生跟随法律的发展趋势。

（三）教学方法

1. 课堂讲授

大多数法学课程采用传统的课堂讲授方式，教师通过讲解法律理论和案例来传授知识。

2. 讨论和辩论

一些法学课程注重学生参与，鼓励他们参与讨论和辩论，这种教学方法有助于培养学生的批判性思维和口头表达能力。

3. 案例分析

案例分析是法学课程中常见的教学方法，教师会引导学生分析真实或虚构的法律案例，以帮助他们理解法律原则的应用。

4. 实践课程

一些法学课程还包括实践性课程，如模拟法庭和法律实习，这些课程通过实际案例的处理，培养学生的法律实践技能。

（四）教材选用

法学课程的教材选择通常取决于教师和学校的政策，一些教师选择经典的法学教材，如《法学导论》《刑法教程》等，而另一些教师可能更倾向于使用最新的法律案例和法规来讲解课程内容。

教材的选择应该根据课程的目标和学生的需求来确定。一些教材注重理论，而另一些教材更注重实际案例和应用，教材的多样性可以帮助学生获得全面的法学教育。

（五）师资队伍

法学课程的教育质量在很大程度上依赖于师资队伍的素质，以下是大学生法学课程师资队伍方面应考虑的一些因素。

1. 教育背景和学术资历

法学课程的师资队伍应具备扎实的法学教育背景和学术资历。教师通常需要拥有法学硕士或博士学位，并在法学领域有一定的研究经验。教育背景和学术资历优秀的教师能够为学生提供深入的法学知识和权威的法律见解。

2. 教学经验

除了学术背景，教师还应该具备丰富的教学经验，包括教授法学课程的经验，以及在法律领域的实际工作经验。教师的教学经验可以帮助他们更好地传授法学知识，并将理论与实践相结合。

3. 多样性和专业化

师资队伍的多样性对于法学课程来说也非常重要，拥有不同背景、专业领域和研究兴趣的教师可以提供不同维度的法学教育，满足学生的多样化需求，例如，一些教师可能专攻刑法，而另一些则专攻国际法。

4. 更新法学知识

法律是一个不断演变的领域，因此，师资队伍需要保持对最新法律发展的了解，定期参加法学研讨会、学术会议和法律培训有助于教师保持知识的更新和时效性。

（六）学习资源

学习资源对于法学课程的成功非常关键，为了方便学生获取学习资源，获得更好的法学教育，大学应做好以下四个方面。

1. 图书馆和电子资源

法学课程通常需要大量的法学图书和文献，大学的图书馆应该提供丰富的法学文献，同时提供电子数据库和在线期刊，以方便学生查阅法学资料。

2. 计算机实验室

现代法学教育也离不开计算机和信息技术，学校应该提供配备法学相关软件的计算机实验室，以支持学生的学习和研究。

3. 法律数据库

访问法律数据库对于法学研究和写作是至关重要的，学校应该给学生提供访问法律数据库的机会，以便他们能够查找法律文献、案例法和法规。

4. 模拟法庭和实践设施

一些法学课程可能需要学生参与模拟法庭或法律实习，因此，学校应该提供模拟法庭和实践设施，以支持学生的实践。

（七）法学课程的发展与挑战

大学生法学课程在不断发展和演进，但也面临一些挑战，具体包括以下四个方面。

1. 法学领域的多样性

法学领域非常广泛，包括刑法、民法、国际法、商法等多个专业领域。因此，教育机构需要确保他们的法学课程能够覆盖各个领域，以满足学生的需求。

2. 法学课程的更新

法学课程需要与法律领域的发展同步更新，这意味着需要不断修订课程内容，引入最新的法律案例和法规，以确保学生得到最新的法学知识。

3. 教师招聘与培训

拥有高质量的师资队伍对于法学课程的成功至关重要。因此，学校需要招聘和培训具有丰富教学经验和研究背景的教师，以提供高质量的法学教育。

4. 法律伦理和职业道德

法学课程也需要注重法律伦理和职业道德的培养，这有助于学生在将来从事法律职业时遵守法律职业的伦理规范。

大学生法学课程在培养法律专业人才方面具有重要作用。通过多样性的课程设置、高质量的师资队伍、丰富的学习资源及不断更新的法学知识，法学课程能够为学生提供全面的法学教育。然而，法学教育也需要不断适应法律领域的发展，以确保学生获得最新的法学知识和实践技能。通过不断努力，大学生法学课程可以为社会培养出更多合格的法律专业人才，为法律体系的健康发展作出贡献。

二、法学教育的侧重点与改进空间

法学教育作为培养法律专业人才的关键环节，扮演着至关重要的角色。

法学教育的质量和方向直接关系到法律体系的有效运行及社会的公平正义。

（一）法学教育的侧重点

1. 法治意识的培养

法学教育的一个重要侧重点是培养学生的法治意识。这意味着学生应该理解和尊重法律，将法律作为社会生活的基本规则，并积极参与法治建设。培养法治意识需要法学教育注重法律伦理和职业道德的教育，强调法律的公平和正义，以及法治对社会的稳定和发展的重要性。

2. 法学知识与实践的结合

法学教育应该侧重于将法学知识与实践相结合。学生不仅需要了解法律理论和原则，还需要学会将其应用于实际情境中，这可以通过模拟法庭、法律实习、案例分析等教学方法来实现。结合理论与实践可以帮助学生培养实际解决问题的能力，提高他们的职业竞争力。

3. 多样性与专业化

法学领域非常广泛，包含刑法、民法、商法等多个专业领域。因此，法学教育应该注重多样性与专业化。学校应该提供各种不同专业领域的法学课程，以满足学生的不同需求和兴趣。这有助于培养各个领域的法律专业人才。

4. 法学研究的推动

法学教育也应该侧重于培养学生的研究能力。学生应该被鼓励进行法学研究，撰写学术论文，参与学术研讨会，为法学领域的发展和创新作出贡献。通过培养学生的研究能力，法学教育可以推动法学领域的进一步发展。

（二）法学教育的改进空间

1. 更新课程内容

法学领域不断发展和演变，因此，法学教育需要不断更新课程内容。教育机构应该确保他们的课程能够反映最新的法律动态，包括最新的法律法规和判例法。同时，应该引入新的法学领域，如数字法律、环境法律等，以满足现代社会的需求。

2. 促进跨学科研究

法学与其他学科之间存在许多交叉点，如法与经济、法与医学、法与科技等。法学教育应该促进跨学科研究，培养学生的跨学科思维能力，这有助于学生更好地理解法律与其他领域的关系，为解决复杂的社会问题提供更全面的解决方案。

3. 强化法律伦理和职业道德教育

法学教育应该更加强调法律伦理和职业道德的教育，学生应该被教育如何成为合格的法律从业者，如何履行法律职业的道德和职业责任，这可以通过案例研究和伦理课程来实现。

4. 创新教育方法

法学教育可以通过创新的教育方法来改进，现代技术和在线教育平台可以为法学教育提供更多可能性。教育机构可以利用在线教育工具、虚拟法庭等创新手段，提供更灵活和互动的教育体验。

5. 师资队伍的提升

教育机构需要投资师资队伍，提升师资队伍的质量。教师需要定期参加培训和学术研讨会，以保持最新的法学知识和教学方法。拥有高质量的师资队伍对于提供优质的法学教育至关重要。

6. 推动国际化

法学领域在国际上有着广泛的联系和合作。法学教育应该实现国际化，提供国际交流和合作的机会，这可以通过国际学术合作、学生交换项目、国际研究合作等方式来实现，以拓宽学生的国际视野和法学国际竞争力。

7. 促进社会责任

法学教育应该促进学生的社会责任感，学生应该被教育如何在法律领域及社会中发挥积极作用，为社会正义和公平而努力，这可以通过社区服务项目、法律援助、公益法律工作等方式来实现，培养学生的社会责任感和公民意识。

8. 持续评估和反馈

法学教育的改进需要持续的评估和反馈机制，教育机构应该定期评估课程的质量，听取学生和毕业生的反馈意见，以及时调整和改进教学方法和课程设置。

9. 促进多元化

法学领域一直存在着性别、种族、文化等多元化挑战，法学教育需要促进多元化，包括招收和支持多元化背景的学生，聘用多元化的师资队伍，以及关注多元化的法学研究和法律问题。

10. 加强国家法学认证

不同国家和地区对法学教育的认证标准存在差异，为提高法学教育的质量，国家和地区可以考虑制定更加严格的法学认证标准，以确保法学教育的质量和一致性。

法学教育的侧重点应该包括法治意识的培养、法学知识与实践的结合、多样性与专业化、法学研究的推动及多元化和社会责任。然而，法学教育也需要不断改进，包括更新课程内容、促进跨学科研究、强化法律伦理和职业道德教育、创新教育方法、提升师资队伍、推动国际化、促进社会责任、持续评估和反馈、促进多元化及加强国家法学认证。通过不断努力，法学教育可以更好地满足社会的需求，培养更多具备法律专业素养的人才，为法律体系和社会的健康发展作出贡献。

三、大学生对法学课程的评价

法学课程在大学教育中扮演着重要的角色，旨在培养学生的法治意识和法律思维。了解大学生对法学课程的评价对于提高法学教育的质量和效果至关重要。

（一）课程内容的评价

1. 课程的多样性

大多数大学生认为法学课程的多样性是一个积极因素，他们认为法学领域包含广泛的子领域，如刑法、民法、国际法、商法等，这使得他们可以选择符合自己兴趣的专业方向。多样性使法学课程更有吸引力，能够满足不同学生的需求。

2. 更新的课程内容

大学生普遍期望法学课程包括最新的法律法规和案例，他们认为更新的课程内容更符合社会实际需求，有助于他们更好地理解现实世界中的法律问题。有一些学生希望法学课程能更加灵活，包含数字法律等新兴领域。

3. 法律伦理和职业道德

大部分学生认为法学课程应该更加注重法律伦理和职业道德的教育，他们认为这对于将来从事法律职业非常重要，有助于塑造合格的法律从业者。有一些学生期望法学课程包括案例研究，以帮助他们理解伦理和道德问题。

（二）教学方法的评价

1. 课堂讲授

大多数学生认为传统的课堂讲授仍然是法学教育中重要的教学方法，他们认为教师的讲解能够帮助他们理解复杂的法律理论和原则。然而，有一些学生认为在讲授中应更多地引入实例和案例，以帮助他们更好地理解法律概念。

2. 讨论和互动

学生普遍喜欢参与讨论和互动，他们认为通过与同学和教师的讨论，能够更深入地思考和学习。互动有助于培养学生的批判性思维和问题解决能力。

3. 案例分析

案例分析是法学教育中常见的教学方法，学生认为通过案例分析，他们可以将法律理论应用到实际情境中，更好地理解法律原则的运用。有的学生建议增加多样性的案例，涵盖不同领域的法律问题。

4. 实践性课程

学生普遍支持实践性课程，如模拟法庭和法律实习，他们认为这些课程有助于培养实际解决问题的能力和法律实践经验。实践性课程使法学教育更加贴近实际职业需求。

5. 创新教育方法

一些学生期望法学课程采用创新的教育方法，如在线学习、虚拟法庭、游戏化教育等，他们认为这些方法能够增加课程的趣味性和互动性，提高学习体验。然而，也有一些学生也担心创新方法可能降低教育质量，需要在教育实践中小心应用。

（三）教材的评价

1. 教材选择

学生对教材的选择有不同的意见，一些学生认为教材应该经典和权威，如《法学导论》《刑法教程》等。他们认为这些教材提供了法学的基础知识和理论框架。然而，也有学生认为教材应更加灵活，包含最新的法律案例和法规。

2. 多样性的教材

一些学生建议引入多样性的教材，以满足不同学生的需求，多样性的教材有助于提供更全面的法学教育。

（四）师资队伍的评价

1. 教师的资质

学生普遍认为教师的资质非常重要，他们期望教师具备丰富的法学教育背景和学术资历，能够提供深刻的法律见解。也有一些学生认为教师应具备实际法律工作经验，以便能够将理论知识与实际案例相结合。教师的资质和经验对于法学教育的质量至关重要。

2. 互动和支持

学生希望教师能够与他们建立互动和支持的关系，这包括教师鼓励学生参与讨论、回答问题、提供反馈。此外，学生也希望教师能够提供学术和职业建议，为他们在法学领域的发展和就业提供指导。

3. 多样性

多数学生认为师资队伍的多样性是一个积极因素，他们认为拥有不同背景、专业领域和研究兴趣的教师可以提供不同维度的法学教育，多样性的师资队伍有助于培养各个领域的法律专业人才。

（五）学习资源的评价

1. 图书馆和电子资源

学生普遍认为学校的图书馆和电子资源非常重要，他们期望图书馆提供丰富的法学文献，包括法律书籍、期刊和数据库。电子资源也应当方便学生访问最新的法律信息和文献，以支持他们的学术研究。

2. 计算机实验室

现代法学教育依赖于计算机和信息技术，学生希望学校提供配备法学相关软件的计算机实验室，以支持他们的学习和研究。计算机实验室应提供法律数据库和在线研究工具，以方便学生进行法律研究和写作。

3. 模拟法庭和实践设施

一些学生认为模拟法庭和实践设施非常重要，这些设施可以为学生提供实践性经验，如模拟法庭辩论、法律实习、法律写作等。实践性课程和设施有助于学生将理论知识应用于实际情境，培养他们的法律实践能力。

（六）学习体验的评价

1. 评价和反馈

学生普遍希望获得及时的评价和反馈，他们认为教师应提供清晰的评分标准，定期检查作业和考试，并给予建设性的反馈。及时的评价和反馈有助于学生了解自己的学术进展，提高学习质量。

2. 学术支持

学生需要学术支持，包括辅导、学术咨询和研究指导，学术支持可以帮助他们克服学术困难，提高学业成绩，更好地理解法学知识。

3. 社交和校园生活

学生认为良好的社交和校园生活也是学习体验的重要组成部分，他们期望学校提供社交活动、学术研讨会等机会，以便与同学和教师建立联系，拓宽人际关系。

4. 就业支持

大多数法学生将法学课程视为通往法律职业的起点，因此，学生期望学校提供就业支持，包括招聘活动、实习机会、职业指导和法律职业资源。就业支持可以帮助学生更好地准备职业生涯。

大学生对法学课程的评价包括对课程内容、教学方法、教材、师资队伍、学习资源和学习体验的看法。他们认为多样性的课程、更新的课程内容、互动式教学方法、多样性的教材、高质量的师资队伍、丰富的学习资源及学术和就业支持是重要的因素。法学教育机构需要根据学生的反馈和需求，不断改进和优化法学课程，以提高教育质量和满足学生的期望。

通过了解大学生的评价，教育机构可以更好地了解法学课程的现状和潜在问题。学生的反馈和建议对于法学教育的改进非常有价值，可以帮助教育机构更好地满足学生的需求，提高教育质量，培养更具法律专业素养的人才，为法律体系和社会的健康发展作出贡献。法学教育应当不断适应社会变化和法律领域的发展，以满足学生的需求和社会的要求。

第二节 实践教学与模拟案例教学的应用

一、劳动法实践课程的存在与发展

劳动法实践课程是法学教育领域的一部分，旨在培养学生在劳动法领域的实际操作技能和知识。这些课程涵盖了劳动法和劳动关系管理的各个方面，旨在为未来从事法律职业、劳动关系管理和相关领域的学生提供实际经验。

（一）劳动法实践课程的背景

1. 法学教育的演进

随着社会的不断发展和法律环境的变化，法学教育也在不断演进。传统的法学教育主要侧重于法律理论和法律原则的教育，而当今社会对实践性课程的需求逐渐增加。学生和雇主日益认识到，除了理论知识，学生还需要具备实际解决法律问题的能力。

2. 劳动法领域的挑战

劳动法领域具有复杂性和多样性，包括劳工权益、雇佣合同、工会关系、工伤赔偿等多个方面。解决劳动法问题需要法律知识，更需要实际操作技能和经验。劳动法实践课程的发展是为了应对这些挑战，为学生提供实际操作的机会。

3. 就业市场的需求

雇主对于拥有劳动法实践经验的法学毕业生的需求不断增加。他们更愿意雇佣那些不仅懂得法律理论，还能够在实际工作中应用法律知识的毕业生。劳动法实践课程的发展满足了就业市场的需求。

（二）劳动法实践课程的重要性

1. 培养实际技能

劳动法实践课程的重要性在于它们可以培养学生的实际操作技能。学生通过这些课程可以学习如何处理劳动法案例、制定雇佣合同、解决劳工纠纷等。这些技能对于将来从事法律职业、劳动关系管理或人力资源管理非常重要。

2. 案例分析与问题解决

劳动法实践课程通常包括案例分析和问题解决的训练。学生通过分析真实或模拟案例，学会如何识别法律问题、分析法律原则、提出解决方案，这有助于培养学生的批判性思维和问题解决能力。

3. 熟悉法律程序

劳动法实践课程还有助于学生熟悉法律程序和法庭程序，学会如何准备法律文件、出庭辩护、与当事人交涉等，这些经验对于未来从事法律职业的学生非常有益。

4. 了解职业道德

劳动法实践课程通常还包括职业道德和法律伦理的培训。学生在这些课程中可以学会如何履行法律职业的伦理和职业责任，包括维护客户权益、保守客户机密和维护法律职业的声誉。

5. 进入劳动法领域

对于那些希望从事劳动法领域工作的学生，劳动法实践课程提供了进入这一领域的机会。学生通过这些课程建立了与雇主、律师事务所和法律部门的联系，有望找到相关领域的就业机会。

（三）劳动法实践课程的内容

1. 劳动法基础知识

劳动法实践课程通常开始于劳动法的基础知识，包括雇佣合同、雇工权益、工资和工时法律法规等内容，学生需要了解劳动法的核心原则和框架，以便更好地理解和应用法律。

2. 雇佣合同和法律文书

课程通常涵盖如何制定雇佣合同，包括合同的要素、雇佣条件和解雇程序。学生也可能学习如何撰写法律文书，如法律信函、法律备忘录和法律文件。

3. 劳工关系管理

劳动法实践课程还涉及劳工关系管理，包括工会法律、集体谈判和劳工冲突的解决，学生需要了解工会的权益和职责，以及如何处理劳工纠纷和谈判。

4. 实际操作技能

课程通常包括模拟案例和实际操作技能的培训，学生可能会模拟法庭辩论、法律谈判、案件调解和法律文件的准备，这些技能对于将来从事法律职业或劳动关系管理非常重要。

5. 职业道德和法律伦理

劳动法实践课程通常也包括职业道德和法律伦理的培训，学生需要了解法律职业的道德要求，包括维护客户机密、避免冲突利益和维护法律职业的声誉。

（四）劳动法实践课程的教学方法

1. 案例研究

案例研究是劳动法实践课程中常用的教学方法，学生通过分析真实或模拟案例，了解如何应用劳动法原则解决问题，案例研究有助于培养学生的问题解决能力。

2. 模拟法庭

模拟法庭是培养学生法庭辩论和诉讼技能的常见方法，学生在模拟法庭中扮演律师、法官和证人的角色，模拟法律诉讼过程，这有助于学生了解法庭程序和法律辩护的要求。

3. 实际操作

实际操作是劳动法实践课程中不可或缺的一部分，学生需要实际操作解决劳动法问题，如制定雇佣合同、处理劳工纠纷、参与集体谈判等。实际操作有助于学生将理论知识应用于实际情境中。

4. 班级讨论

班级讨论是培养学生批判性思维和辩论能力的方法，学生在班级中讨论劳动法案例和问题，与同学和教师交流不同的观点、探讨解决方案。

5. 实习和实践经验

一些劳动法实践课程可能包括实习和实践经验，学生有机会在法律事务所、公司法律部门、政府机构等地实际工作，积累实践经验，实习经验对于学生的职业发展非常重要。

（五）劳动法实践课程的未来发展方向

1. 跨学科教育

劳动法实践课程可以与其他学科融合，如人力资源管理、劳工关系学、商业管理等。跨学科教育可以帮助学生更全面地理解劳动法领域，使学生获得更多的职业机会。

2. 国际化

劳动法实践课程可以考虑国际化，包括国际劳动法和跨国公司的法律问题。学生可以学习国际法律标准，为国际职业做好准备。

3. 利用技术

技术可以在劳动法实践课程中发挥更大的作用，在线教育、模拟法庭的虚拟环境、在线案例研究等技术工具可以提供更丰富的教育体验。

4. 社会责任

劳动法实践课程也要注重社会责任教育。学生可以参与劳工权益保护、法律援助和社会公益项目，为社会正义和劳工权益作出贡献。

5. 持续评估和反馈

劳动法实践课程需要不断评估和改进，学校应定期听取学生和雇主的反馈意见，以调整课程内容和教学方法，满足市场需求。

劳动法实践课程的存在与发展是法学教育领域的一项重要举措，这些课程给学生提供了培养实际操作技能、解决劳动法问题的机会，并满足了雇主对于具备实际经验的法学毕业生的需求。劳动法实践课程的重要性在于它们培养了学生的实际操作技能、案例分析和问题解决能力。这些技能对于将来从事法律职业、劳动关系管理、人力资源管理等领域的学生非常有帮助。

劳动法实践课程的内容涵盖了劳动法的基础知识、雇佣合同和法律文书、劳工关系管理、实际操作技能及职业道德和法律伦理。这些内容使学生能够全面了解劳动法领域，并为未来的职业发展奠定坚实的基础。

在教学方法方面，劳动法实践课程采用案例研究、模拟法庭、实际操作、班级讨论和实习等多种教育方法。这些方法有助于学生在实践中应用法律知识，培养批判性思维和问题解决技能。

未来，劳动法实践课程可以继续发展，包括跨学科教育、国际化、技术应用、社会责任和持续评估。这些举措将使劳动法实践课程更加适应不断变化的法律环境和市场需求，为学生提供更全面的法律教育。

总之，劳动法实践课程在法学教育中扮演着重要的角色，培养了学生的实际操作技能、案例分析和问题解决能力。这些课程的发展将有助于满足学生和雇主的需求，为法学毕业生提供更好的职业机会，并推动劳动法领域的发展。劳动法实践课程的存在与发展对于法学教育的未来具有重要意义。

二、模拟案例在法学教学中的应用

法学教学一直以来都是充满挑战的，因为它要求学生不仅掌握法律原理，还要能够应用这些原理解决实际法律问题。模拟案例是一种广泛应用于法学教育中的教学方法，它模仿真实法律情境，使学生能够在安全的环境中进行实际操作、运用法律知识，培养他们的法律分析、解决问题和沟通能力。下面将探讨模拟案例在法学教学中的应用，包括其背景、优势、应用领域以及最佳实践。

（一）模拟案例的背景

1. 法学教学的挑战

传统的法学教学通常以讲课和阅读法律文书为主，但这种方法有时难以满足学生的实际需求。学生需要更多的实际操作机会，以提高他们的法律技能和应用能力。

2. 学习法律的实际操作

学习法律并不仅是理论知识的学习，还需要学生能够将这些知识应用到实际情况中。模拟案例为学生提供了模拟实际法律情境的机会，帮助他们锻炼法律分析和解决问题的能力。

3. 提高学生参与度

模拟案例可以增加法学教学的趣味性和互动性，学生通常更容易参与和投入其中，因为他们需要积极参与案例讨论、辩论和解决问题。

4. 适应不同学习风格

模拟案例有助于满足不同学生的学习风格，有些学生更倾向于通过实际操作来学习，模拟案例为不同类型的学生提供了学习法律的多样性方法。

（二）模拟案例的优势

1. 实践性知识

模拟案例使学生能够在真实或模拟的法律情境中获得实践性知识，使学生不仅理解法律原则，还能够应用这些原则解决实际问题。

2. 法律分析和解决问题的能力

通过模拟案例，培养了学生法律分析和解决问题的能力。在模拟案例中，学生需要收集信息、分析事实、研究法律原则，并最终提出解决方案，这些技能对于将来从事法律职业非常重要。

3. 沟通能力

在模拟案例中，学生需要与同学、教师、模拟客户等角色进行沟通，这有助于培养他们的沟通和辩论能力，以及法律职业所需的口头和书面表达能力。

4. 团队合作

一些模拟案例涉及团队合作，学生需要协作解决问题。这有助于培养学生的团队合作和领导能力，这些能力在法律职业中通常是必需的。

5. 自信心

成功完成模拟案例可以增强学生的自信心，使他们意识到自己可以应对复杂的法律情况，这有助于他们在将来的法律实践中更有信心。

（三）模拟案例的应用领域

1. 法庭模拟

法庭模拟是模拟案例的一个常见应用领域，学生在法庭模拟中扮演律师、法官和证人的角色，模拟法庭诉讼过程，这有助于他们了解法庭程序和法律辩护的要求。

2. 客户咨询

在客户咨询模拟中，学生扮演律师和客户的角色，模拟律师与客户之间的咨询过程，他们需要向客户提供法律建议、解释法律问题，并制定解决方案。

3. 法律研究和写作

模拟案例还可以涉及法律研究和写作，学生需要研究相关法律、撰写法律备忘录、法律文件或法律信函，以解决特定法律问题。

4. 法律谈判

在法律谈判模拟中，学生扮演谈判代表，模拟法律谈判过程，他们需要与其他代表就法律事宜进行谈判，并达成协议。

5. 竞赛和辩论

模拟案例常用于法学竞赛和辩论，学生参加模拟法庭比赛、法律辩论比赛等，展示他们的法律技能和知识。

（四）最佳实践

1. 设计多样性的案例

模拟案例应该多样化，涵盖不同法律领域和问题，这有助于满足不同学生的兴趣和学习需求，可以使学生获得更广泛的法律知识。

2. 提供反馈和评估

教师应提供及时的反馈和评估，帮助学生改进他们的法律技能，这可以通过对学生的表现进行评分、讨论案例分析和提供建议来实现。及时反馈对于学生的进步非常重要。

3. 促进讨论和反思

模拟案例应该鼓励学生参与讨论和反思，学生可以分享他们的观点和经验，从彼此的观点中学到更多。教师可以引导学生反思他们的决策和解决方案，帮助他们更好地理解法律原则。

4. 与实际法律实践结合

模拟案例可以与实际法律实践相结合，通过与法律事务所、法律部门和法律机构合作为学生提供实习机会。这样，学生可以将他们在模拟案例中学到的知识应用于实际情境，并获得实际经验。

5. 激发兴趣

教师应该努力激发学生对法律的兴趣，模拟案例可以设计成引人入胜、具有挑战性的情境，以吸引学生参与，这有助于学生更深入地学习法律。

模拟案例是法学教育的一种有力工具，是一种多样化、互动性和实践性的教学方法，能够满足不同学生的需求。模拟案例可以在法庭模拟、客户咨询、法律研究和写作、法律谈判、竞赛和辩论等领域应用。

最佳实践包括设计多样性的案例、提供反馈和评估、促进讨论和反思、与实际法律实践结合，以及激发学生的兴趣。通过精心设计和实施模拟案例，法学教育可以更好地培养学生的法律技能，提高他们的法律实践能力，为将来的法律职业做好准备。模拟案例在法学教学中的应用将继续为法学教育带来新的机遇和挑战，为学生提供更丰富的法律学习经验。

三、实践教学对大学生法律认知的影响

在大学法学教育中，理论知识的传授是必要的，但实践教学也是同样重要的一部分。实践教学通过模拟案例、实地调研、法律实习等方式，使

学生接触实际法律情境，将理论知识应用于实际问题，并培养他们的法律认知能力。

（一）实践教学的背景

1. 法学教育的挑战

传统的法学教育通常以讲授法律原则、法律文书分析和案例阅读为主。然而，法学并不仅是纸上谈兵，学生需要具备实际操作的技能，能够在法律实践中解决问题。

2. 法律实践的多样性

法律领域非常多元化，涵盖了刑法、民法、商法、行政法等众多领域。不同领域的法律实践要求不同的知识和技能，因此，学生需要接触不同类型的实际情境来获得综合性的法律认知。

（二）实践教学的重要性

1. 法律认知的实际运用

实践教学使学生能够将法律理论知识应用于实际情境中，解决真实问题，这有助于加深他们对法律概念的理解，提高法律认知水平。

2. 法律分析和解决问题的能力

通过实践教学，学生不仅了解法律原则，还培养了法律分析和解决问题的能力。在实践教学中，学生需要分析事实、研究法律，提出解决方案，这有助于提高他们的问题解决能力。

3. 法律实践技能

实践教学不仅关注理论，还注重实际操作技能。学生通过模拟案例、法律实习等方式，学会了如何处理法律文件、进行法律研究和法律写作。

4. 法律职业伦理和责任

实践教学也有助于培养学生的法律职业伦理和责任意识。在实践教学中，学生要了解法律职业的道德要求，如维护客户机密、避免冲突利益、维护法律职业的声誉等。

（三）实践教学的方法

1. 模拟案例

模拟案例是实践教学的常见方法，学生在模拟案例中扮演不同的法律角色，模仿真实法律情境，解决案例中的法律问题。这种方法帮助学生将理论知识应用于实际问题。

2. 实地调研

实地调研是一种涉及实际法律情境的实践教学方法，学生可能会参观法庭、律师事务所、法律部门等，了解法律实践的真实情况。

3. 法律实习

法律实习是一种学生在法律领域实际工作的方式，学生有机会在法律事务所、公司法律部门、政府机构等地实习，积累实际经验。

4. 客户咨询

客户咨询就是模拟律师与客户之间的咨询过程，学生扮演律师和客户的角色，模拟法律咨询和问题解决。

5. 法律竞赛和辩论

法律竞赛和辩论是学生在模拟法庭、法律辩论等竞赛中应用法律知识和技能的机会，这些竞赛有助于学生锻炼法律认知和表达能力。

（四）实践教学的影响

1. 增强法律认知

实践教学有助于增强学生的法律认知，通过模拟案例、实地调研、法律实习等方式，学生能够在真实或模拟的法律情境中接触法律问题，这有助于加深他们对法律原则的理解和应用。

2. 提高问题解决能力

实践教学培养了学生的问题解决能力，在实践教学中，学生需要分析事实、研究法律，提出解决方案，通过不断练习，学生能够更好地应对复杂的法律问题，从多个角度思考问题，提出切实可行的解决方案。

3. 适应就业市场需求

实践教学使学生在毕业后更容易适应就业市场的需求，他们已经具备了实际操作的技能，能够立即为雇主提供帮助。

（五）实践教学的未来发展

1. 科技整合

未来，实践教学可以更好地利用科技，如虚拟现实和增强现实，来模拟法律情境，这将为学生提供更真实的法律体验，扩展实践教学的可能性。

2. 社会责任和法律援助

实践教学也要注重社会责任教育，学生可以参与法律援助项目，为社会公益和法律权益保护作出贡献。

实践教学对大学生法律认知具有深远的影响。通过模拟案例、实地调研、法律实习等方式，学生获得了实际操作技能、问题解决能力和法律实践经验。这些经验不仅增强了他们的法律认知，还提高了他们的自信心，培养了法律职业伦理和责任意识。未来，实践教学还要继续发展，以满足不断变化的法律环境和市场的需求，为学生提供更全面的法律教育。实践教学将继续在法学教育中扮演重要的角色，为法学生提供更好的职业机会，推动法律领域的发展。

第三节　法律知识在大学生中的普及工作

一、学校法律知识宣传与普及活动

法律知识在当代社会中具有至关重要的地位，不仅关系到每个人的基本权益，也影响到社会的和谐稳定。然而，法律知识在普通公众中的了解和掌握程度仍然不够充分。学校是培养未来公民和法律从业人员的地方，也是法律知识宣传与普及的理想场所。本节将探讨学校法律知识宣传与普及活动的背景、目的、方法及其对社会的重要性。

（一）学校法律知识宣传与普及活动的背景

1. 法律知识的重要性

法律知识是每个公民都应该了解和掌握的知识，因为它关系个人权益、合法权利的维护及社会秩序的维护。不了解法律知识可能导致法律问题的发生，而这些问题可能对个人和社会产生负面影响。

2. 法治社会的建设

建设法治社会是现代社会的一个重要目标。法治社会要求公众具备法律知识、遵守法律规定、积极参与社会治理。学校法律知识宣传与普及活动有助于培养法治观念，推动法治社会的建设。

3. 法律教育的责任

学校是法律教育的重要机构，其责任不仅是传授法律知识，还包括法律知识的宣传与普及。通过学校的努力，可以提高公众对法律的认知水平，促进社会法治建设。

（二）学校法律知识宣传与普及活动的目的

1. 提高公众法律知识水平

学校法律知识宣传与普及活动的首要目的是提高公众的法律知识水平。通过向学生和家长传授基本的法律知识，使他们了解自己的权利和义务，增强法律意识。

2. 增强法治观念

学校法律知识宣传与普及活动有助于培养法治观念，学生在校园中接触法律知识，了解法治社会的重要性，从而养成遵守法律的习惯。

3. 预防法律问题

通过普及法律知识，可以帮助公众预防法律问题的发生，人们在了解自己的权利和义务后，更有可能遵守法律规定，避免潜在的法律风险。

4. 培养法律职业人才

学校法律知识宣传与普及活动也有助于培养法律职业人才，通过法律教育，学校可以培养未来的法律专业人士，如律师、法官、检察官等，他们将为社会的法治建设和司法体系的发展作出贡献。

（三）学校法律知识宣传与普及活动的方法

1. 法律课程

法律课程是学校法律知识宣传与普及的主要途径，学校可以开设法律课程，教授基本的法律知识，如宪法、民法、刑法、行政法等，这些课程可以帮助学生建立法律基础，增强法律认知。

2. 法律辅导和讲座

学校可以邀请法律专家和从业者来进行法律辅导和讲座，这些讲座可以涵盖不同的法律主题，解答学生和家长的法律问题，提供实际案例和经验分享。

3. 法律文化活动

学校可以组织法律文化活动，如模拟法庭比赛、法律辩论、法律知识竞赛等，这些活动可以增强学生的法律认知，培养他们的法治观念。

4. 社会实践和法律实习

学校可以安排学生参与社会实践和法律实习项目，通过参与实际法律工作，学生可以将理论知识应用于实际情境，了解法律实践的重要性。

5. 法律宣传材料

学校可以制作法律宣传材料，如宣传册、小册子、宣传海报等，向学生和家长传递法律知识，这些材料可以在校园内广泛分发，方便学生和家长获取法律知识。

（四）学校法律知识宣传与普及活动的重要性

1. 增强公众法律认知

学校法律知识宣传与普及活动的重要性在于它可以增强公众的法律认知，通过学校的努力，更多人将了解自己的法律权益和责任，有能力解决法律问题。

2. 培养法治观念

学校法律知识宣传与普及活动有助于培养法治观念，学生在校园中接触法律知识，了解法治社会的运作机制，从而养成遵守法律规定、尊重法律权威的习惯，这将有助于社会的和谐发展。

3. 培养法律从业人才

学校法律知识宣传与普及活动还有助于培养法律从业人才，通过法律课程、法律辅导和实践机会，学生可以更早地接触法律领域，了解法律职业的特点，为将来从事法律职业做好准备。

4. 促进法治社会的建设

学校法律知识宣传与普及活动有助于促进法治社会的建设，一个充满法治观念的社会更有秩序、更公平和公正。学校的努力将为社会的法治发展作出贡献。

学校法律知识宣传与普及活动是一项重要的教育任务，有助于提高公众的法律认知水平，培养法治观念，预防法律问题的发生，培养法律从业人才，促进法治社会的建设。学校应该积极推动这一活动，为学生和社会提供更多的法律知识和资源，以促进法治建设，保障公民的合法权益，维护社会的和谐稳定。同时，政府、社会机构和法律专业人士也应积极参与，共同推动法律知识的宣传与普及活动，以建设法治社会。这些努力将有助于保障每个人的法律权益，维护社会的法律秩序，促进社会的可持续发展。

二、法学社团与法律知识普及

法律知识在当今社会中扮演着重要的角色，不仅关系每个人的权益，也影响着社会的和谐和法治建设。然而，很多人缺乏足够的法律知识，导致他们面对法律问题时无法有效解决。为了提高公众对法律的认知水平，法学社团在大学校园中扮演着关键的角色。

（一）法学社团的背景

1. 法学社团的定义

法学社团是大学校园中的一个学生组织，由对法律感兴趣的学生自愿组成，这些社团通常由学生会资助，并由学生自己管理。法学社团的目标是促进法律知识的普及和法治观念的培养。

2. 法学社团的活动范围

法学社团的活动范围非常广泛，包括法律研究、模拟法庭竞赛、法律辩论、法律援助、法律文化活动等，这些活动不仅有助于学生提高法律认知，还培养了他们的法治观念和法律职业技能。

3. 法学社团的使命

法学社团的使命通常包括提高学生对法律的了解，增强学生法治观念，为校园和社区提供法律服务，培养未来的法律专业人才，这些社团致力于通过不同的途径推动法律知识的普及。

（二）法学社团与法律知识普及的关系

1. 法学社团作为法律知识的传播者

法学社团作为法律知识的传播者，通过不同的方式向学生和社区传授法律知识，它们可以组织法律讲座、座谈会、法律知识竞赛等活动，使参与者了解基本的法律概念和原则。

2. 法学社团作为法治观念的倡导者

法学社团不仅传播法律知识，还倡导法治观念。它们通过法律文化活动、法律宣传和社会参与，帮助学生和社区了解法治社会的重要性，培养尊重法律权威和遵守法律的态度。

3. 法学社团作为法律援助提供者

一些法学社团提供法律援助服务，帮助学生和社区解决法律问题，具体包括提供法律咨询、法律文件起草、代理法律程序等。通过法律援助，社团为需要帮助的人提供了实际的法律支持，帮助他们维护自己的合法权益。

4. 法学社团作为法律职业人才的培养者

法学社团培养了未来的法律专业人才，通过模拟法庭竞赛、法律辩论和法律实习等活动，学生可以在校园中积累实际法律经验，为将来的法律职业做好准备。

（三）法学社团的法律知识普及活动

1. 法学讲座和座谈会

法学社团可以定期组织法学讲座和座谈会，邀请法律专家和从业者分享法律知识和经验，这些活动可以面向学生和社区，为他们提供机会了解不同法律领域的知识。

2. 模拟法庭竞赛和法律辩论

模拟法庭竞赛和法律辩论是法学社团的重要活动之一，学生在这些比赛中扮演律师、法官和证人的角色，模拟法庭程序，解决法律争议，这不仅有助于提高学生的法律认知，还培养了他们的法律分析和辩论能力。

3. 法律文化活动和宣传

法学社团可以组织法律文化活动，如法律电影展映、法律艺术展览等，这些活动可以吸引更多人关注法律知识，加深对法治社会的理解。

4. 社会参与和法律援助

一些法学社团积极参与社会活动，提供法律援助服务，比如为社区居民提供法律咨询、法律文件起草、代理法律程序等服务，这些服务有助于解决一些法律问题，维护公民的合法权益，同时提高了公众的法律认知水平。

5. 法律知识竞赛

法学社团可以组织法律知识竞赛，鼓励学生积极参与并测试他们的法律知识，这种竞赛有助于提高学生的法律认知水平，并激发他们对法律学习的兴趣。

6. 法律书籍和材料的分享

法学社团可以建立法律图书馆或资源中心，向学生提供法律书籍、期刊和研究材料，这些资源有助于学生深入研究法律领域，提高他们的法律认知水平。

7. 社会调查和法律研究

一些法学社团积极参与社会调查和法律研究项目，他们可以研究当前社会问题，分析法律政策的影响，并为社会提供相关研究成果，这有助于推动法律知识的普及，并为社会问题的解决提供法律支持。

（四）法学社团的影响与重要性

1. 增强法律认知

通过各种法学社团活动，学生可以增强自己的法律认知水平。在社团活动中，他们了解不同领域的法律知识，学习法律分析和辩论技巧，提高了问题解决能力。

2. 培养法治观念

法学社团通过倡导法治观念，帮助学生养成遵守法律规定的习惯，这有助于培养尊重法律权威和法治社会的态度，为社会和谐和法治建设作出贡献。

3. 提供法律援助

一些法学社团提供法律援助服务，解决一些法律问题，维护公民的合法权益。它们为需要帮助的人提供实际的法律支持，有助于社会公平和正义。

4. 培养法律从业人才

法学社团通过模拟法庭竞赛、法律辩论和法律实习等活动，培养了未来的法律专业人才。学生在校园中积累实际法律经验，为将来的法律职业做好准备。

5. 推动法律知识的普及

法学社团通过各种活动，推动法律知识的普及，向更多人传递法律知识，提高公众的法律认知水平，为社会的法治建设作出贡献。

法学社团在大学校园中扮演着重要的角色，通过各种活动，推动法律知识的普及，增强学生的法律认知，培养法治观念，提供法律援助，培养未来的法律专业人才。这些社团不仅对学生有益，也对社会的法治建设产生积极影响。因此，应当鼓励和支持法学社团的发展，使它们成为法律知识普及的重要力量，为社会提供更多的法律支持和法治教育。同时，政府、学校和社会各界也应积极支持法学社团的活动，提供必要的资源和平台，以促进法律知识的普及和法治观念的培养。

法学社团应不断改进他们的活动，使之更具吸引力和实用性，以更好地满足学生和社区的需求。它们还可以与其他学科和社会机构合作，拓展法学知识的传播途径，如与新闻媒体、社区组织、政府部门合作，共同推动法律知识的普及。

法学社团是法律知识普及的有力工具，通过他们的不懈努力，可以让更多人了解法律，提高法律认知水平，倡导法治观念，为社会的法治建设与和谐发展作出贡献。法学社团的存在对于一个充满法治观念的社会来说，具有不可低估的价值。

三、大学生参与法治宣传的积极性

法治宣传是促进社会法治建设的重要手段之一，而大学生是社会未来的栋梁，他们的参与对于法治宣传的成功至关重要。大学生在大学期间接受了系统的法律教育，他们具备了一定的法律知识和法治观念，因此应该积极参与法治宣传工作，推动法律知识的普及，维护法治社会建设。

（一）大学生参与法治宣传的积极性来源

1. 法律教育

大学生在大学期间接受了系统的法律教育，包括法律课程、法律实践、模拟法庭竞赛等，这些教育增长了他们的法律知识，培养了他们的法治观念。他们了解了法律的基本原则和法治社会的重要性，因此更愿意积极参与法治宣传工作。

2. 社会责任感

大学生通常在学校中接触到各种社会问题，这些问题使他们产生社会责任感。他们意识到通过积极参与法治宣传可以为社会的和谐与稳定贡献力量，因此愿意积极投入。

3. 法治意识的培养

大学校园中的法治宣传活动和社会实践机会有助于培养大学生的法治意识。他们参与各种法治活动，逐渐理解法治的核心概念，从而愿意积极参与法治宣传。

4. 合作与互助

大学校园是一个合作与互助的社会环境，大学生在这里懂得了与他人合作、互相支持的重要性，这种意识使他们更愿意参与团队合作的法治宣传项目，共同推动法治观念的传播。

（二）影响大学生参与法治宣传积极性的因素

1. 学校支持与鼓励

学校的支持与鼓励是影响大学生参与法治宣传积极性的重要因素，学校可以通过设立奖学金、提供资源支持、组织法治宣传活动等方式，鼓励学生积极参与。

2. 社会认可度

社会对大学生参与法治宣传的认可度也很重要，如果社会对大学生的法治宣传活动持肯定态度，认为这对社会有益，大学生会更有动力积极参与。

3. 知识储备

大学生的法律知识水平和法治观念也是影响积极性的因素，如果他们具备一定的法律知识，更容易理解法治宣传的重要性，愿意参与相关活动。

4. 团队合作与领导力

团队合作和领导力对于积极参与法治宣传至关重要，大学生需要在团队中协作，也需要有一定的领导能力来组织和推动相关活动。

（三）大学生参与法治宣传的具体方式

1. 组织法治讲座和座谈会

大学生可以组织法治讲座和座谈会，邀请法律专家和从业者分享法治知识和经验。这有助于普及法治观念，提高公众的法治认知。

2. 参与模拟法庭竞赛和法律辩论

模拟法庭竞赛和法律辩论是培养大学生法律意识和辩论能力的重要途径。通过这些竞赛，大学生可以扮演法官、律师和证人的角色，模拟法庭程序，解决法律问题，提高法治认知水平。

3. 参与法律援助和咨询服务

大学生可以积极参与法律援助和咨询服务，帮助有法律问题的人解决困难，这不仅提供了实际的法律支持，还提高了大学生的法律实践经验。

4. 举办法治文化活动

大学生可以组织法治文化活动，如法律电影展映、法律艺术展览、法治知识竞赛等。这些活动可以吸引更多人关注法治，推动法治观念的传播。

5. 参与社会调查和法律研究

一些大学生可以积极参与社会调查和法律研究项目，研究社会问题和法律政策的影响。他们可以为社会问题的解决提供法律支持，促进法治社会的建设。

6. 制订法治宣传计划

大学生可以制订法治宣传计划，明确法治宣传的目标、内容和方式。他们可以与学校、社区和法律专业人士合作，共同推动法治宣传的实施。

7. 利用新媒体平台

大学生可以充分利用新媒体平台，如社交媒体、博客、微信公众号等，传播法治知识和观念。这些平台可以迅速传达信息，吸引更多人参与。

（四）大学生参与法治宣传的重要性

1. 推动法治观念的普及

大学生的积极参与有助于推动法治观念的普及，他们可以通过各种活动和倡导，让更多人了解法治的核心概念，提高法治认知水平。

2. 维护法治社会的建设

大学生的参与对维护法治社会的建设至关重要。他们可以通过法治宣传活动、法律援助和研究项目，帮助解决社会问题，维护社会的法治建设。

3. 培养未来法律从业人才

大学生通过参与模拟法庭竞赛、法律辩论、法律实习等活动，培养了未来的法律从业人才。他们将成为律师、法官、检察官等法律专业人士，为社会的法治建设和司法体系的发展作出贡献。

4. 提高法治社会的公信力

大学生的积极参与增强了法治社会的公信力，他们通过法治宣传和实践活动，为社会提供法律支持，提高了社会公众对法律的信任度。

5. 培养社会责任感

大学生的参与有助于培养他们的社会责任感。他们通过参与法治宣传，认识到自己有责任为社会的和谐与稳定贡献力量，培养了积极的社会价值观。

大学生参与法治宣传的积极性是促进社会法治建设的重要因素。大学生具备法律知识和法治观念，通过各种方式积极参与法治宣传，推动法治观念的普及，维护法治社会的建设，培养未来法律从业人才，提高法治社会的公信力，同时培养社会责任感。因此，应当鼓励和支持大学生的积极参与，为法治社会的建设和发展贡献力量。此外，政府、学校和社会各界也应提供支持和鼓励，为大学生提供更多参与法治宣传的机会和资源。

第四节　大学生对劳动法律知识教育的需求

一、大学生对法学教育的期望

法学教育在当今社会中扮演着至关重要的角色，不仅培养了未来的法律专业人才，也影响着法治社会的建设。大学生是法学教育的主要受众，他们的期望和需求对法学教育的发展至关重要。本节将探讨大学生对法学教育的期望，包括教学内容、教学方法、教学资源等方面的期望，并探讨如何更好地满足这些期望，以提高法学教育的质量和效果。

（一）法学教育的重要性

1. 法学教育对法治社会建设的重要性

法学教育是培养法治社会所必需的一环，通过法学教育，学生可以了解法律体系、法治观念和法治社会的重要性，他们将成为未来的法律专业人士，为法治社会的建设和维护提供支持。

2. 法学教育对个人职业发展的重要性

通过法学教育，学生获得了法律知识和法律技能，这有助于他们将来从事法律职业。法学教育开拓了学生的职业道路，为他们的职业发展奠定了重要的基础。

3. 法学教育对公民的法治认知的提升

不仅法律专业学生，普通大学生也需要接受基本的法学教育，以提高他们的法治认知水平。法学教育有助于公民了解法律体系和权利义务，培养法治观念。

（二）大学生对法学教育的期望

1. 丰富多彩的教学内容

大学生期望法学教育的教学内容能够丰富多彩，涵盖广泛的法律领域，包括刑法、民法、行政法、国际法等，他们希望能够了解不同领域的法律知识，以便更好地适应未来的职业需求。

2. 实践性强的教学方法

大学生希望法学教育的教学方法更具实践性，能够培养他们的法律实际操作能力。模拟法庭竞赛、法律实习、案例分析等实践性教学方法可以让学生更好地理解法律知识并将法律知识应用于实际情境。

3. 灵活的学习方式

大学生希望法学教育能够提供更灵活的学习方式，包括线上课程、混合式教学等，他们希望能够根据个人兴趣和需求来选择适合的学习方式，更好地平衡学业和其他活动。

4. 与实际职业需求相关的教学资源

大学生期望法学教育能够提供与实际职业需求相关的教学资源，包括法律文献、法律数据库、案例分析等，这些资源可以帮助学生更好地研究法律问题和解决法律争议。

5. 充分的师资力量

大学生希望法学教育能够拥有充分的师资力量，包括有经验的法学教授和法律从业人士，他们希望能够从专业的教师和导师那里获得指导和支持。

（三）如何满足大学生对法学教育的期望

1. 更新教学内容

法学教育机构应定期更新教学内容，确保其与法律领域的最新发展和实际职业需求相关。法学教育应包括创新领域，如数字法律、环境法律、国际商法等。

2. 推广实践性教学方法

法学教育机构应鼓励和推广实践性教学方法，如模拟法庭竞赛、法律实习、案例分析等，这些方法可以让学生更好地应用法律知识，培养实际操作能力。

3. 提供灵活的学习方式

法学教育机构应提供更灵活的学习方式，包括线上课程、混合式教学、自主学习等，这可以满足不同学生的需求，提高法学教育的适用性。

4. 建立丰富的教学资源

法学教育机构应建立丰富的教学资源，包括法律文献、法律数据库、案例库等，这些资源可以帮助学生更好地研究法律问题，深入了解不同领域的法律。

5. 招聘有经验的教师和导师

法学教育机构应招聘有经验的教师和导师，确保学生能够从专业的教育者那里获得指导和支持。有经验的教师可以分享实际工作经验，指导学生在法律领域的职业发展。

6. 与法律从业机构合作

法学教育机构可以与法律从业机构合作，提供实际案例、法律实习和职业发展支持，这种合作可以使学生更好地理解法律实践，顺利过渡到职业生涯。

7. 鼓励学生参与学生组织和法律活动

法学教育机构可以鼓励学生参与学生组织和法律活动，如法学社团、模拟法庭竞赛、法律辩论等。这些组织和活动给学生提供了参与法律实践的机会，培养了他们的领导能力和实践技能。

8. 建立反馈机制

法学教育机构应建立反馈机制，定期征询学生的意见和建议，这可以帮助学校更好地了解学生的需求和期望，及时调整教学计划和教学方法。

（四）大学生对法学教育的期望的重要性

1. 促进法治社会的建设

满足大学生对法学教育的期望可以促进法治社会的建设，通过提供高质量的法学教育，培养出更多有法律知识和法治观念的公民，有助于社会的和谐和稳定。

2. 培养未来的法律专业人才

满足大学生的期望有助于培养未来的法律专业人才，这些学生将成为律师、法官、检察官、法律顾问等法律从业人员，为社会的法治建设和司法体系的发展作出贡献。

3. 提高法学教育的质量

听取学生的期望和建议可以帮助法学教育机构提高教育质量，学生的反馈有助于及时发现问题和改进教学方法，提高法学教育的效果。

4. 提高学生的学习动力

满足大学生的期望可以提高他们的学习动力，当学生感到教育满足他们的需求和期望时，他们更有动力投入学习，提高学业成绩。

5. 培养公民的法治观念

法学教育不仅培养法律专业人才，还培养了公民的法治观念。通过满足大学生的期望，可以提高公民的法治认知水平，培养尊重法律和法治的态度。

大学生对法学教育的期望对于法学教育的质量和效果具有重要意义，通过更新教学内容、推广实践性教学方法、提供灵活的学习方式、建立丰富的教学资源、招聘有经验的教师和导师、与法律从业机构合作、鼓励学生参与学生组织和法律活动、建立反馈机制等措施，可以更好地满足大学生的期望，促进法治社会的建设，培养未来的法律专业人才，提高法学教育的质量，同时培养公民的法治观念。法学教育的不断改进和满足学生的期望将为社会法治建设和法治意识的普及作出重要贡献。政府、学校和社会各界也应积极支持法学教育的改善，为学生提供更好的教育资源和机会。

二、实用性法学课程的需求

法学教育一直以来都注重培养学生的法律理论知识和研究能力，但在当今社会，实际法律技能和应用知识同样至关重要，实用性法学课程的需求与日俱增。这些课程旨在使法学生能够更好地应对法律职业中的挑战，并为他们的职业发展提供更广泛的机会。

（一）实用性法学课程的背景

1. 法学教育的传统重点

传统的法学教育主要侧重于法律理论知识和研究能力的培养，法学院通常提供大量的法律理论课程，如刑法、民法、行政法等，以便学生掌握法律体系和法律原则。

2. 法学职业的多样性

法学职业的多样性要求法律专业人士不仅要了解法律理论，还要掌握实际法律技能。法学生可能将来从事的职业范围广泛，包括律师、法官、检察官、法律顾问、法律研究员等，每种职业都需要不同的法律技能和知识。

3. 全球化和科技发展的影响

全球化和科技发展已经改变了法律职业的面貌。现代法律实践不仅需要了解国内法律体系，还需要了解国际法律和跨国法律事务。此外，法律技术和信息技术的快速发展也对法学教育提出了新的要求。

4. 法学院的社会责任

法学院应承担社会责任，培养合格的法律专业人士，满足法律职业的需求，为社会提供法律服务。因此，为了更好地满足法学生的职业需求，法学院需要提供实用性法学课程。

（二）实用性法学课程的重要性

1. 培养实际法律技能

实用性法学课程可以帮助学生培养实际法律技能，如法律研究、案件分析、法庭辩论、法律写作等，这些技能对于法律职业的成功至关重要。

2. 增加职业机会

具备实际法律技能的毕业生更有竞争力，能够获得更多的职业机会。他们可以从事不同领域的法律工作，如刑事辩护、民事诉讼、公司法、知识产权、国际商法等。

3. 适应法律职业的变化

法律职业不断发展和变化，实用性法学课程可以帮助学生适应这种变化。课程可以涵盖新兴法律领域和最新的法律技术，使学生保持竞争力。

4. 增强社会责任感

通过实用性法学课程，学生可以更好地了解法律如何服务社会、如何帮助解决社会问题，这有助于培养他们的社会责任感，激励他们为社会作出贡献。

（三）实用性法学课程的种类

1. 法律实践课程

法律实践课程旨在培养学生的法律实际操作能力，这些课程包括模拟法庭竞赛、法律实习、法律写作、法庭辩论等，学生通过参与实践课程来提高自身的实践技能。

2. 法律技术和信息技术课程

法律技术和信息技术在现代法律实践中起着越来越重要的作用，法学院可以提供法律技术和信息技术课程，培养学生的技术技能，使他们能够更好地应对法律信息管理和在线法律服务。

3. 国际法律和跨国法律事务课程

全球化趋势下，国际法律和跨国法律事务的重要性日益凸显，法学院可以提供相关课程，使学生了解国际法律体系、国际商法、国际争端解决等。

4. 社会法律课程

社会法律课程关注法律如何服务社会和解决社会问题，这些课程可以包括环境保护、法律伦理等领域。学生通过学习这些课程，可以了解法律如何影响社会，并培养社会责任感。

5. 职业发展和法律实践管理课程

职业发展和法律实践管理课程旨在帮助学生规划他们的法律职业，这些课程包括职业咨询、法律实践管理、法律市场营销等，可以帮助学生了解法律市场和就业机会，提高他们的职业发展能力。

（四）影响实用性法学课程需求的因素

1. 法学院的意愿

法学院的意愿是满足实用性法学课程的需求的重要因素。法学院需要认识到这些课程的重要性，愿意投入资源来开设和支持实用性法学课程。

2. 学生的需求和期望

学生的需求和期望是推动实用性法学课程发展的动力，学生需要明确表达他们的需求，提出建议，参与课程的设计和改进。

3. 社会和行业需求

社会和法律行业的需求也会影响实用性法学课程的需求，法学院需要密切关注社会和行业的变化，了解新兴领域和技能的需求，以满足市场的要求。

4. 教师的资质和培训

教师的资质和培训对于提供高质量的实用性法学课程至关重要，法学院需要拥有有经验的教师，或提供培训来提高他们的教育和实践技能。

5. 资金和资源支持

开设实用性法学课程需要资金和资源支持，法学院需要争取足够的经费，购置必要的教材和设备，提供实践性教学环境。

（五）如何更好地满足实用性法学课程的需求

1. 课程设计和更新

法学院应设计和更新实用性法学课程，以满足学生的需求和市场的要求，课程内容应反映法律领域的最新发展和技能需求。

2. 师资力量培养

法学院应投入资源培养教师的实践技能和教育能力，教师需要了解最新的法律实践，以能够有效地传授实用性法学知识。

3. 听取学生意见

法学院应建立反馈机制，定期听取学生的意见和建议，学生的反馈有助于改进课程内容和教学方法，提高教育质量。

4. 与法律行业合作

法学院可以与法律行业合作，提供实际法律实践机会，如法律实习、案例研究、模拟法庭竞赛等，与法律行业的合作可以帮助学生获得实际经验和职业发展机会。

5. 提供资源支持

法学院应提供足够的资源支持，包括图书馆资源、法律数据库、法律技术工具、模拟法庭设施等，这些资源可以帮助学生更好地学习和实践。

实用性法学课程的需求日益增长，因为法学生需要更多的实际法律技能和应用知识，以满足法律职业的需求。这些课程不仅能培养学生的法律实际操作能力，还能增加他们的职业机会，使他们更好地适应法律职业的变化。

法学院应认识到实用性法学课程的重要性，积极满足学生和市场的需求，通过课程设计和更新、师资力量培养、听取学生意见、与法律行业合作、提供资源支持等方式，提供高质量的实用性法学教育，为法学生的职业发展提供更广泛的机会。同时，政府、社会和法律行业也应支持法学院的努力，以提高法学教育的实用性和质量，促进法律职业的发展和法治社会的建设。

三、大学生对法律知识普及形式的看法

法律知识对于维护社会秩序、保障公平正义及培养市民法治观念具有重要意义。然而，许多国家和地区的法律知识在大众中的传播和普及仍存在不足。大学生作为社会的一部分，对法律知识的普及有着独特的看法和需求。

（一）法律知识普及的重要性

1. 法治社会的建设

法治社会的建设需要普及法律知识，以便市民了解自己的权利和义务，遵守法律规定，参与法治进程。法律知识普及有助于维护社会秩序和公平正义。

2. 个人权益的保护

个人需要了解自己的法律权益，以便在法律纠纷中保护自己的权益。法律知识普及有助于个人更好地理解法律，避免受到不公平待遇。

3. 公民法治观念的培养

通过法律知识的普及，可以培养公民的法治观念，使他们尊重法律、遵守法规，积极参与社会和政治活动，推动社会的法治化进程。

4. 法学教育的延伸

法学教育在大学中有一定覆盖范围，但仍有许多人无法接受正规的法学教育。因此，法律知识的普及可以作为法学教育的延伸，满足更多人的需求。

（二）法律知识普及的目标受众

1. 大学生

大学生是法律知识普及的重要受众，因为他们代表了社会的未来。通过普及法律知识，可以培养他们的法治观念，使他们成为具备法律知识的公民。

2. 中小学生

中小学生也是法律知识普及的目标受众，他们需要在早期阶段就接触法律教育，了解基本的法律概念和原则，这有助于培养他们的法治观念。

3. 社会大众

社会大众包括成年人和老年人，他们也是法律知识普及的目标受众，以更好地了解自己的权利和义务，参与社会和政治活动，避免法律纠纷。

4. 法律从业人员

法律从业人员也需要不断更新和扩展他们的法律知识，以适应法律领域的变化。因此，法律知识普及也可以针对法律从业人员。

（三）法律知识普及的渠道

1. 学校法律课程

学校法律课程是法律知识普及的主要渠道之一，通过在中小学和大学开设法律课程，学生可以接触基本的法律概念和原则。

2. 社会法治教育活动

社会法治教育活动包括法治讲座、法治培训、法治宣传等，这些活动可以在社区、公共机构和法律组织中举行，向社会大众传播法律知识。

3. 法律信息网站和社交媒体

法律信息网站和社交媒体是现代法律知识普及的重要平台，人们可以通过在线平台获取法律信息，了解法律新闻和实际案例。

4. 法律研究和出版物

法律研究和出版物是深入了解法律领域的重要资源，法学期刊、法律书籍和研究论文可以为法律从业人员和研究人员提供深入的法律知识。

5. 法学普及机构和组织

法律普及机构和组织是专门致力于法律知识普及的机构，它们可以提供法律知识培训、法律顾问、法律咨询等服务，这些机构通常具备专业知识和资源，能够更系统地传播法律知识。

（四）法律知识普及的内容

1. 基本法律概念

法律知识普及的内容应包括基本的法律概念，如法律的定义、法律体系、法律原则等，这些概念是理解法律的基础。

2. 具体法律领域

法律知识普及也应包括具体的法律领域，如刑法、民法、行政法、劳动法、知识产权法等，这有助于人们了解不同领域的法律规定和原则。

3. 法律程序

法律程序也是重要的内容之一，包括法律诉讼程序、法庭程序、法律文书撰写等，了解法律程序有助于个人在法律事务中的应对能力。

4. 法律实践技能

法律知识普及也可以包括法律实践技能，如法律写作、法庭辩论、法律研究方法等，这些技能对于法律从业人员和法律学生具有实际价值。

（五）法律知识普及的效果

1. 增强法治观念

法律知识普及有助于增强公民的法治观念，使他们更尊重法律、遵守法规，积极参与社会政治活动。

2. 个人权益的保护

通过法律知识普及，个人能够更好地了解自己的法律权益，保护自己的权益，避免受到不公平待遇。

3. 法律纠纷的减少

具备法律知识的社会大众更容易解决法律纠纷，避免不必要的诉讼，降低法律纠纷的发生概率。

4. 法学教育的延伸

法律知识普及可以作为法学教育的延伸，为没有法学背景的人提供法律知识，扩大法学教育的受众范围。

法律知识普及对于法治社会的建设、个人权益的保护、法治观念的培养具有重要意义。大学生作为社会的一部分，对法律知识的普及有着独特的需求。通过学校法律课程、社会法治教育活动、法律信息网站和社交媒体、法律研究和出版物、法律普及机构和组织等渠道，可以更好地满足大学生的需求，提高法律知识的普及水平。同时，政府、社会组织和法学界也应积极支持法律知识的普及工作，为社会提供更多的法律知识资源和学习法律的机会，推动法治社会的建设和法治观念的普及。通过不断普及法律知识，可以更好地维护社会秩序、保障公平正义，培养具备法治观念的公民，推动社会的法治化进程。

第六章 大学生就业法律咨询服务体系的构建

第一节 大学生法律咨询服务的必要性

一、大学生在法律问题上的困惑

大学生作为社会的一部分，常常会遇到各种法律问题，涉及学生的日常生活、学习、职业规划等方面，但由于他们通常缺乏深入的法律知识和经验，因此在处理这些问题时会感到困惑。本节将探讨大学生在法律问题上的困惑，包括困惑的原因、常见的法律问题、解决困惑的途径及大学生应当如何增强法律意识和知识。

（一）大学生在法律问题上困惑的原因

1. 缺乏法律知识

大多数大学生缺乏深入的法律知识，他们在中小学阶段通常没有接受过系统的法律教育，因此，当面临法律问题时，他们不知道如何正确理解和处理。

2. 对法律程序和流程不熟悉

大学生通常不了解法律程序和流程，不清楚应该如何申请法律文件、提起诉讼、参加法庭审理等，这导致了他们在处理法律问题时的困惑。

3. 恐惧和不信任法律体系

有些大学生可能因为对法律体系感到陌生或不信任，而不愿意主动寻求法律帮助，他们担心法律程序复杂、耗时、费用高昂。

4. 信息来源不准确

大学生通常通过各种渠道获取法律信息，但信息的准确性和可信度不一定高。错误的信息可能导致误解法律规定和权益。

5. 法律问题多样化

大学生可能涉及多种不同类型的法律问题，如租赁合同、消费者权益、就业合同、学术诚信等，每种问题都可能需要不同的法律知识和解决途径。

（二）大学生常见的法律问题

1. 租赁问题

租房问题是大学生生活中常见的问题，包括租金支付、维修责任、租赁期限、押金退还等，大学生可能不清楚租赁合同的具体条款和租户权益。

2. 消费者权益问题

大学生通常是消费者，但他们可能不了解自己的消费者权益和维权途径。消费者权益问题包括产品质量、售后服务、退货政策等。

3. 学术诚信问题

学术诚信问题涉及学术作弊、抄袭、作业合作等，大学生可能对学术诚信政策和后果不清楚。

4. 工作和实习合同问题

大学生可能在学习期间或毕业后面临工作和实习合同问题，他们可能不了解合同条款和权益。

5. 刑事法律问题

虽然不常见，但有些大学生可能面临刑事法律问题，如酒驾、盗窃等，对于这些问题，他们通常不清楚法律程序和后果。

（三）解决大学生法律困惑的途径

1. 学习法律知识

大学生可以主动学习一些基本的法律知识，包括租赁法、消费者权益法、劳动法、刑法等，这些知识可以帮助他们更好地理解和处理常见的法律问题。

2. 咨询法律专家

当面临复杂的法律问题时，大学生可以寻求法律专家的帮助，如律师或法律顾问。法律专家可以提供专业的法律建议和指导，帮助解决问题。

3. 参加法律教育活动

大学生可以参加法律教育活动，如法律讲座、研讨会、法律培训课程等，这些活动可以增强他们的法律意识。

4. 利用法律资源

大学生可以利用法律资源，如法律图书馆、法律数据库、法律信息网站等，获取法律信息，这些资源可以帮助他们了解法律问题和相关法规。

5. 寻求帮助和建议

当面临法律问题时，大学生应该寻求帮助和建议，可以咨询学校的法律顾问、法律援助机构、消费者协会等，这些机构通常提供免费的法律咨询服务。

（四）大学生应当如何增强法律意识和知识

1. 学习法律知识

大学生可以主动学习一些基本的法律知识，包括了解国家和地区的法律体系、法律原则和常见法律问题。他们可以参加法律课程、阅读相关法律书籍和文章，或者参与在线法律教育课程。

2. 参与法律教育活动

大学生可以积极参与法律教育活动，如法律讲座、研讨会、法律竞赛等，这些活动可以帮助他们更深入地了解法律领域，与法律专家互动，增强法律意识。

3. 培养独立思考能力

大学生应该培养独立思考和问题解决的能力，当面临法律问题时，他们可以主动寻求法律信息，分析问题，提出合理的解决方案。

4. 参与社会活动

参与社会活动可以帮助大学生更好地了解社会和法律问题，他们可以加入法律俱乐部、学生组织或社会服务团体，参与相关项目，积累实际经验。

5. 咨询法律专家

当遇到复杂的法律问题时，大学生应该主动寻求法律专家的帮助。法律专家可以提供专业的法律建议和指导，帮助解决问题。

大学生在法律问题上常常感到困惑，这是因为他们通常缺乏深入的法律知识和经验。然而，通过学习法律知识、参与法律教育活动、咨询法律专家、利用法律资源等途径，大学生可以增强法律意识，更好地理解和处理法律问题。增强法律意识不仅有助于他们保护自己的权益，还有助于培养法治观念。因此，大学生应该积极学习法律知识，提高法律素养，以更好地应对法律问题和参与法治社会建设。同时，学校和社会组织也应提供更多的法律教育和咨询服务，支持大学生的法律知识普及工作。

二、法律咨询服务对大学生的帮助

法律咨询服务是为了提供法律帮助、解答法律问题和提供法律建议而设立的专业机构或服务。大学生是一个特殊的人群，可能面临各种法律问题，包括租赁问题、消费者权益、学术诚信、就业合同等。法律咨询服务对大学生具有重要意义，可以帮助他们更好地理解法律、保护自己的权益、培养法治观念。

（一）法律咨询服务的类型

1. 学校法律顾问

大多数大学和学院都设有法律顾问办公室，为学生提供法律咨询服务。这些法律顾问通常是校内的法律专家，可以回答学生关于学校规定、学术诚信、纪律处分等方面的问题。

2. 法律援助机构

法律援助机构是独立的法律服务机构，致力于为有限经济能力的人提供法律援助。大学生可以咨询这些机构，寻求法律帮助，尤其是在面临刑事法律问题或法律诉讼时。

3. 社区法律中心

社区法律中心通常为社区居民提供法律咨询和服务，大学生可以向这些中心咨询租房问题、消费者权益问题、劳动法问题等与日常生活密切相关的法律问题。

4. 在线法律咨询

许多法律服务机构提供在线法律咨询服务，学生可以通过电子邮件、在线聊天、电话等咨询法律问题，这种服务形式方便快捷，尤其适合忙碌的大学生。

5. 法律诊所

一些法学院设有法律诊所，提供免费法律咨询和代理服务，大学生可以向这些法律诊所咨询各种法律问题，同时，这也为法学院的学生提供了实践机会。

（二）法律咨询服务的帮助范围

1. 学业问题

大学生可能面临学术诚信、学术纠纷、考试作弊等学业问题。学校的法律顾问和法律援助机构可以帮助学生了解学校规定、维护他们的权益，解决学业问题。

2. 租赁问题

租房是大学生生活中常见的问题，包括租金支付、维修责任、租赁期限、押金退还等，法律咨询服务可以帮助学生了解租赁法规、解决租赁问题。

3. 消费者权益问题

大学生通常是消费者，他们可能面临产品质量、售后服务、退货政策等消费者权益问题，法律咨询服务可以帮助学生维权，提供关于消费者权益保护的建议和支持。

4. 就业合同问题

毕业后，大学生可能面临就业合同问题，包括雇佣条款、工资待遇、福利等，法律咨询服务可以帮助他们了解就业合同的权利和义务。

5. 刑事法律问题

有些大学生可能面临刑事法律问题，法律咨询服务可以提供法律建议和法庭代理，帮助学生解决刑事法律问题。

（三）法律咨询服务的途径

1. 预约面对面咨询

学生可以通过学校的法律顾问办公室、法学院的法律诊所等机构预约面对面咨询。在咨询会面中，学生可以详细讨论自己的法律问题，获得专业的法律建议。

2. 在线咨询

学生可以利用在线法律咨询服务，通过电子邮件、在线聊天或电话与法律顾问交流。

3. 咨询法律援助机构和社区法律中心

法律援助机构和社区法律中心通常提供免费法律咨询服务，学生可以前往这些机构寻求帮助，这些机构通常设有咨询窗口，接受学生的咨询请求。

4. 参加法律讲座、研讨会和培训

大学生可以参加法律讲座、研讨会和培训课程，这些活动通常由法律专家和机构组织，通过参与这些活动，学生可以获得法律知识，提出问题并获得答案。

5. 利用法律资源

学生可以利用法律资源，如法律图书馆、法律数据库和法律信息网站，查找相关法律文献和信息，这些资源可以帮助他们了解法律问题和相关法规。

（四）法律咨询服务对大学生的帮助

1. 解决法律问题

法律咨询服务可以帮助大学生解决各种法律问题，包括学业问题、租赁问题、消费者权益问题、就业合同问题等，专业的法律顾问和律师可以提供合法的解决方案，帮助学生维护他们的权益。

2. 提供法律建议

法律咨询服务可以为大学生提供法律建议，帮助他们更好地理解法律问题和法律规定，从而做出明智的法律决策，避免法律风险。

3. 培养法治观念

通过法律咨询服务，大学生可以逐渐培养法治观念，了解法律的重要性，尊重法律和法律程序，这有助于提高他们的法治素养。

4. 提供支持和指导

法律咨询服务不仅提供法律支持，还提供心理和情感支持。当法律问题带来压力和困惑时，法律顾问和律师可以为学生提供指导和安慰。

5. 增强法律知识

通过与法律专家交流，学生可以增加法律知识，这有助于他们更好地理解法律领域，为将来的职业和社会参与打下坚实基础。

法律咨询服务对大学生很有帮助，可以解决他们面临的各种法律问题，提供法律建议和指导，帮助培养法治观念，增强法律知识。大学生应该积极寻求法律咨询，特别是在面临复杂的法律问题时，以保护自己的权益和提高

法律素养。学校和社会组织也应继续支持和提供法律咨询服务，为大学生提供更多的法律知识和资源，促进法治观念的普及和法律问题的解决。通过法律咨询服务，可以更好地维护社会秩序、保障公平正义，培养具备法治观念的公民，推动社会的法治化进程。

三、法律咨询服务的社会需求

法律咨询服务是一项重要的社会资源，为公民提供法律帮助、解答法律问题、提供法律建议。随着社会的发展和法律体系的不断完善，法律咨询服务逐渐成为了一个不可或缺的社会需求。下面将探讨法律咨询服务的社会需求，包括需求的原因、需求的范围、不同人群的需求及如何满足这些需求。

（一）法律咨询服务的社会需求原因

1. 复杂的法律体系

现代社会的法律体系变得越来越复杂，法律法规的数量庞大，内容繁杂。普通公民难以了解和应对复杂的法律问题，因此，需要专业的法律咨询服务来帮助他们理解法律规定。

2. 法律问题的多样性

法律问题的多样性是社会需求的原因之一，人们可能面临各种不同类型的法律问题，如家庭法问题、刑事法问题、劳动法问题、消费者权益保障问题、合同法问题等，每种问题都可能需要不同的法律知识和解决途径，因此需要专业的法律咨询服务。

3. 个体权益的保护

法律咨询服务的需求与个体权益的保护密切相关，公民需要了解自己的法律权益，维护自己的合法权益，法律咨询服务可以帮助他们更好地了解自己的权益，提供法律建议，帮助解决法律争议。

4. 普及法治观念

法律咨询服务也有助于促进法治观念的普及，通过法律咨询，公民可以了解法律的重要性，培养尊重法律、遵守法规的观念。

（二）法律咨询服务的需求范围

1. 个人法律需求

个人法律需求是法律咨询服务的主要需求范围之一，个人可能在婚姻家庭关系、房产权益、财产继承、消费者权益、就业权益等方面需要法律咨询和帮助。

2. 企业法律需求

企业法律需求是另一个重要的需求范围，企业可能需要法律咨询服务来处理合同纠纷、知识产权问题、劳动法事务、公司法事宜等，法律咨询服务可以为企业提供法律风险评估和法律合规建议。

3. 政府法律需求

政府法律需求也是一个特殊的需求范围，政府机构可能需要法律咨询服务来处理公共政策、制定法规、解释法律和处理国际法律事务，法律咨询可以帮助政府机构合法合规地履行职责。

4. 社会法律需求

社会法律需求包括了解法律制度、法治观念的普及、维护公共利益等。社会法律需求的范围广泛，包括公民教育、法律意识培养、法治宣传等。

（三）不同人群的法律咨询需求

1. 普通公民

普通公民可能在日常生活中遇到各种法律问题，如婚姻家庭问题、租赁问题、消费者权益问题、就业权益问题等，他们需要法律咨询服务来解决这些问题。

2. 企业和企业主

企业和企业主可能面临各种商业法律问题，如合同纠纷、知识产权问题、税务法问题等，他们需要法律咨询来维护企业权益，进行合法合规经营。

3. 政府官员和公务员

政府官员和公务员需要法律咨询服务来处理公共政策、国际法律事务等问题，法律咨询可以帮助他们合法合规地履行职责。

4. 学生和教育机构

学生和教育机构可能需要法律咨询服务来处理学术诚信、学校规定、纪律处分等问题，法律咨询服务可以为学生提供法律建议和指导。

5. 社会组织和非营利机构

社会组织和非营利机构可能需要法律咨询服务来处理组织管理、捐赠合同、法律合规性等问题，法律咨询可以帮助他们更好地履行社会使命。

（四）满足法律咨询服务的社会需求

1. 提供法律教育

为了满足法律咨询服务的社会需求，首要任务是提供广泛的法律教育，包括以下三种途径。

① 学校法律教育：学校应当为学生提供法律课程，包括法律知识、法律伦理、法治观念等，这有助于提高学生的法律意识，增加法律知识，使他们能够更好地理解和处理法律问题。

② 社区法律教育：社区法律教育活动可以帮助公众了解法律系统和法律问题，这些活动可以包括法律讲座、研讨会、法律培训课程等。

③ 在线法律教育：借助互联网技术，可以提供在线法律教育资源，包括法律课程、法律信息网站、法律博客等，这些资源可以为广大公众提供方便的法律学习渠道。

2. 提供法律咨询服务

法律咨询服务机构应当提供广泛的法律咨询服务，包括以下四种类型。

① 面对面咨询：设立法律咨询中心，提供面对面咨询服务，让公众可以与法律专家交流，提出问题，获取专业建议。

② 在线咨询：建立在线法律咨询平台，通过电子邮件、在线聊天、电

话等方式提供法律咨询服务，这种方式方便快捷，适合繁忙的人群。

③ 社区法律中心：设立社区法律中心，为社区居民提供法律咨询服务，这有助于满足社会基层的法律需求。

④ 法律诊所：法学院可以设立法律诊所，为学生提供法律咨询和代理服务，同时也为法学院的学生提供实践机会。

3. 提供法律援助

法律援助机构应当为有限经济能力的人提供法律援助服务，包括为贫困人群提供免费法律咨询和法律代理服务，帮助他们解决法律问题。

4. 促进法律意识培养

社会组织和政府机构应当积极开展法律宣传和教育工作，帮助公众培养法律意识，这包括宣传法律知识、法治观念，举办法律宣传活动等。

5. 加强法律监督

政府部门应当加强法律监督，确保法律咨询服务机构的合法合规运作。同时，也应当设立监督机构，处理法律咨询服务机构的投诉和纠纷，保护公众的权益。

为了满足社会的法律咨询需求，政府、学校、社会组织和法律专业人士需要共同努力。通过提供广泛的法律教育、建立专业的法律咨询服务机构、提供法律援助和法律宣传，可以更好地满足社会需求，促进法治观念的普及，保护公众的法律权益，推动社会的法治化进程。

第二节　大学生法律咨询服务的主体与机构

一、学校法律服务机构的建设

学校法律服务机构是为学校师生提供法律咨询、法律援助、法律教育等法律服务的机构。随着社会的不断发展和法律体系的不断完善，学校法律服务机构的建设越来越受到重视。

（一）建设学校法律服务机构的必要性

1. 保障师生合法权益

学校是由师生组成的重要社会组织，涉及师生的合法权益，包括学术权益、纪律处分、就业权益、消费者权益等。学校法律服务机构可以为师生提供法律咨询和法律援助，帮助他们保护自己的合法权益。

2. 培养法治观念

学校是培养法治观念的重要教育场所，通过建立学校法律服务机构，可以为师生提供法律教育，培养尊重法律、遵守法规的观念，推动法治观念的普及。

3. 促进校园安全

学校法律服务机构可以帮助学校应对各种法律风险，包括安全问题、纪律问题、校园欺凌等，通过提供法律咨询和法律援助，可以有效维护校园的安全和秩序。

4. 为法学教育提供实践机会

学校法律服务机构可以为法学院的学生提供实践机会，学生可以在法律服务机构参与法律咨询和法律援助工作，锻炼法律技能，积累实际经验。

（二）学校法律服务机构的职责与功能

1. 法律咨询

学校法律服务机构的主要职责之一是提供法律咨询服务，包括回答师生的法律问题、解释学校规定、提供法律建议，帮助他们了解和处理法律问题。

2. 法律援助

学校法律服务机构还应提供法律援助服务，包括为有限经济能力的师生提供免费或廉价的法律代理，帮助他们解决法律争议和诉讼问题。

3. 法律教育

学校法律服务机构可以开展法律教育活动，包括法律讲座、研讨会、法律培训课程等，这有助于提高师生的法律意识和知识。

4. 法律风险管理

学校法律服务机构应当协助学校管理法律风险，包括起草和审查合同、处理纪律问题、管理学校资产等，这有助于保护学校的法律利益。

5. 法律研究与政策建议

学校法律服务机构可以进行法律研究，参与法律政策的制定，为学校提供法律支持，以确保学校的合法合规运作。

（三）学校法律服务机构的建设方式与路径

1. 设立法律顾问办公室

许多学校设立了法律顾问办公室，为师生提供法律咨询服务，这是一种相对简单且成本较低的方式，通常由校内的法律专家或律师负责。法律顾问可以为师生解答法律问题、提供法律建议，帮助师生处理与学校规定相关的问题。

2. 创建法律援助中心

一些学校创建了法律援助中心，为需要法律帮助的师生提供法律援助服务，包括提供免费法律代理、协助处理法律争议和纠纷，这种机构通常由专业的律师或法律助理管理，以确保法律援助的质量和合法性。

3. 法律诊所

法学院可以设立法律诊所，为学生提供法律咨询和法律服务的实践机会，这种模式不仅有助于提供法律服务，还能让法学院的学生在实际案例中锻炼法律技能。

4. 合作与外包

学校可以与外部的法律服务机构或法律援助机构合作，外包法律咨询和法律援助服务，这种方式可以有效整合外部资源，提供高质量的法律服务。

5. 创新科技应用

随着科技的发展，学校可以利用在线平台和应用程序来提供法律咨询服务。这种方式可以提供便捷的在线法律咨询，特别适合忙碌的师生。

（四）学校法律服务机构建设过程中的挑战与对策

1. 资金限制

建设学校法律服务机构需要资金投入，包括聘请法律专家、设立办公室、购置法律资料等。学校可能面临经费有限的困境，因此，需要在资源分配上明智决策，可以考虑与外部机构合作或争取赞助。

2. 人员招聘

招聘合适的法律专家和律师对于提供高质量的法律服务至关重要。学校需要精心策划招聘程序，吸引有经验的法律专业人士。

3. 法律风险

学校法律服务机构需要处理各种法律问题，有时可能面临法律风险。为了应对这些风险，需要建立有效的法律风险管理体系，与学校其他部门合作，确保法律合规性。

4. 法律教育

提供法律教育需要专业的师资和教材，学校需要投资培训法律教育师资，编制合适的法律教育课程和材料。

5. 法律援助质量

提供法律援助需要保证质量，确保师生得到合法合规的法律代理。学校法律服务机构需要建立评估机制，监督和改进法律援助的质量。

（五）学校法律服务机构的建设

建设学校法律服务机构，可以为师生提供法律咨询、法律援助、法律教育等服务，帮助他们更好地了解和处理法律问题。在建设过程中，学校需要面对各种挑战，包括资金限制、人员招聘、法律风险、法律教育和法律援助质量等。为了应对这些挑战，学校可以采取以下措施。

1. 拨款和筹款

学校可以争取更多的政府拨款或私人捐赠，以支持学校法律服务机构的建设和运营。此外，可以考虑合并资源和与外部机构合作，以降低成本。

2. 人才招聘

在招聘法律专家和律师时，学校应当注重专业化和经验，建议聘请有相关领域经验的专业人士，以确保法律服务的质量。

3. 法律风险管理

学校应建立法律风险管理体系，明确法律问题的处理程序，及时咨询法律专家，以降低法律风险。

4. 法律教育与培训

为了提供高质量的法律教育和法律援助，学校可以组织法律教育与培训，提高工作人员的法律专业技能。

5. 质量评估与监督

建设学校法律服务机构后，需要建立质量评估和监督机制，定期审查和评估法律咨询和法律援助的质量，以确保师生得到合法合规的服务。

学校法律服务机构的建设是为了更好地满足师生的法律需求，促进校园的法治建设，同时也为法学院的学生提供实践机会。通过合理的机构设置、专业的人员配置和科学的管理方式，学校可以提供高质量的法律服务，为师生提供必要的法律支持。这有助于构建一个法治型校园，促进法治观念的普及，保障师生的合法权益，维护校园的安全与秩序，以及为法学院的学生提供实际案例处理的机会。通过不断改进和提高，学校法律服务机构可以更好地服务校园群体，推动法治文化建设。

二、社会法律服务机构的参与

社会法律服务机构是指由政府或非政府组织设立和运营的机构，旨在为社会公众提供法律咨询、法律援助、法律教育和法律宣传等服务。这些机构在促进公平正义、维护法治、保护弱势群体权益方面发挥着重要作用。

（一）社会法律服务机构的角色和功能

1. 法律咨询

社会法律服务机构的首要职责之一是提供法律咨询服务。它们回答公众的法律问题，解释法律法规，提供法律建议，帮助人们了解和处理法律问题。

2. 法律援助

社会法律服务机构还提供法律援助服务，尤其是为那些无法支付私人律师费用的人，包括提供免费法律代理，帮助他们解决法律争议和纠纷。

3. 法律教育

社会法律服务机构在法律教育方面发挥重要作用，它们可以组织法律讲座、研讨会、培训课程等，帮助公众了解法律知识、法治观念，增强法律意识。

4. 法律宣传

这些机构还参与法律宣传、推广法治观念，提醒公众尊重法律、遵守法规，推动社会的法治化进程。

5. 法律改革与政策建议

社会法律服务机构通常参与法律改革，为政府和立法机构提供专业法律意见，帮助制定更公平正义的法律法规。

（二）社会法律服务机构的重要性

1. 促进公平正义

社会法律服务机构通过提供法律咨询和法律援助，有助于保障公众的合法权益，特别是那些弱势群体，它们在许多司法体系中扮演了公平正义的守护者角色。

2. 降低法律壁垒

通过提供免费或低成本的法律服务，社会法律服务机构降低了法律壁垒，使更多人能够获得法律支持，这有助于确保每个人都能平等地利用法律体系。

3. 普及法治观念

社会法律服务机构通过法律教育和法律宣传，促进法治观念的普及。它们帮助公众了解法律的重要性，培养尊重法律、遵守法规的观念。

4. 法律改革的重要合作伙伴

这些机构是法律改革的重要合作伙伴，它们可以提供实际案例的反馈和建议，帮助政府和立法机构更好地理解社会需求，制定更合理的法律政策。

5. 为法律专业人士提供实践机会

社会法律服务机构为律师、法律学生和法律专业人士提供实践机会。这有助于他们积累实际经验，提高法律技能。

（三）社会法律服务机构的发展趋势

1. 多元化服务

社会法律服务机构逐渐提供更多元化的服务，不仅提供法律咨询和法律援助，还可以涉及其他法律领域，如移民法、环境法、劳动法、家庭法等。

2. 利用科技

随着科技的发展，社会法律服务机构越来越多地利用互联网和手机应用程序来提供在线法律咨询服务，这种方式为公众提供了更便捷的访问途径。

3. 合作与网络

社会法律服务机构越来越多地与其他法律服务机构和社会组织合作，构建服务网络，共同应对复杂的法律问题，这种合作有助于整合资源，提供更全面的法律支持。

4. 注重质量与监督

社会法律服务机构越来越注重质量与监督，它们建立质量评估机制，监督法律服务的质量，确保公众获得合法合规的服务。

5. 国际合作

一些社会法律服务机构积极参与国际合作，分享经验，借鉴国际最佳实践，共同推动全球法治建设。

社会法律服务机构在社会法治建设中发挥着不可替代的作用，它们通过提供法律咨询、法律援助、法律教育、法律宣传等服务，为公众提供法律支持，促进公平正义、降低法律壁垒、促进法治观念的普及。随着社会的发展和科技的进步，这些机构不断发展壮大，提供更多元化、高效的法律服务。政府、社会组织、法律专业人士和公众应当共同努力，推动社会法律服务机构的发展，以建设更加公平正义的社会。

三、学生法律社团的作用

学生法律社团是由大学生自发组织并运营的团体，旨在促进法律知识的学习、法治观念的普及和法律实践的发展。这些社团在大学校园中扮演着重要角色，既能满足学生的法律学习需求，又有助于培养法律专业人才和促进社会的法治建设。

（一）学生法律社团的教育作用

1. 法律知识的学习

学生法律社团为成员提供了学习法律知识的平台，通过组织法律讲座、研讨会、辩论等活动，学生可以更深入地了解法律领域的知识，包括刑法、民法、行政法、劳动法等，这有助于扩大他们的法律知识面，为未来的就业或进行法律研究奠定基础。

2. 法治观念的培养

学生法律社团通过组织法治教育活动，帮助学生培养尊重法律、遵守法规的法治观念。通过讨论法治原则、实际案例和法律伦理，学生可以更好地理解法治社会的重要性，将其内化为自己的核心价值观。

3. 法律实践的机会

学生法律社团提供了法律实践的机会，包括模拟法庭、模拟联合国、法律竞赛等，这些活动帮助学生将理论知识转化为实际技能，提高他们的法律分析、辩论和沟通能力。

4. 社会参与

通过法律社团，学生有机会参与社会活动，尤其是与法律相关的活动，他们可以参与社区法律服务、法律援助项目、人权事务等，为社会公众提供法律支持，促进社会的公平正义。

（二）学生法律社团的社会服务作用

1. 法律援助

一些学生法律社团设立了法律援助项目，为需要法律帮助的社区居民提供服务。这有助于降低法律壁垒，让更多人能够获得法律支持。

2. 法律宣传与教育

学生法律社团通过法律宣传和教育活动，帮助公众了解法律法规、法治观念和自己的法律权益，这些社团可以组织法律讲座、法律知识竞赛、社区法律教育等，促进社会法治观念的普及。

3. 社区服务

一些法学社团参与社区服务项目，如法律咨询、社区法庭、法律培训等，帮助社区解决法律问题和争议，这有助于改善社区的法治环境，促进社会和谐。

4. 社会倡导

学生法律社团可以通过社会倡导活动，推动法律改革和法律政策的制定。社团成员可以发表法律报告、提出法律建议，参与社会法律倡导运动，影响社会法治进程。

（三）学生法律社团的发展潜力

1. 法律专业人才的培养

通过学生法律社团，学校可以培养更多的法律专业人才。社团成员在社会服务和法律实践中积累了丰富经验，为未来从事法律方面的工作打下坚实基础。

2. 社会法治建设的推动者

学生法律社团可以成为社会法治建设的积极推动者，通过社区服务、法律宣传和社会倡导，直接参与社会法治建设，帮助改善社会的法治环境。

3. 法律研究与创新

一些学生法律社团积极参与法律研究和创新项目，探讨法律问题、发表学术论文、提出法律建议，为法律领域的发展和改革贡献智慧和力量。

4. 社会参与与公民教育

通过学生法律社团，年轻人可以积极参与社会事务，培养公民意识和社会责任感，学会了解和关心社会问题，积极参与解决方案的制定和实施。

5. 法律社团的国际化

一些学生法律社团开展国际合作与交流，与国际法学社团建立联系，参与国际模拟法庭、国际法律竞赛和国际研究项目。这有助于拓宽学生的国际视野，了解全球法律问题，培养国际化的法律专业人才。

（四）发挥学生法律社团作用的途径

1. 政策支持

学校和政府可以提供政策支持，鼓励学生法律社团的发展。这包括为社团提供场地、资源、资金和法律指导，以确保其正常运营和发挥作用。

2. 教育与培训

学校可以为学生法律社团提供法学教育与培训课程，帮助社团成员提升法律知识和技能。

3. 社会合作

学生法律社团可以与社会法律服务机构、法律事务所、法院和其他法律机构合作，参与社会服务项目，获得实践机会。这有助于将法律理论与实践相结合，提高成员的法律能力。

4. 法律竞赛与模拟法庭

学校可以鼓励学生法律社团参与法律竞赛和模拟法庭活动，这有助于培养学生的辩论、法律分析和解决问题的能力。

5. 社会参与项目

学生法律社团可以组织社会参与项目，如法律援助、法律教育和社区服务。学校和社团可以合作，为这些项目提供支持和资源。

学生法律社团在大学校园中发挥着重要的作用，既促进了法律知识的学习、法治观念的普及，又为社会提供了法律服务和法治建设的力量。通过教育、社会服务、发展潜力的培育和发挥，学生法律社团可以成为培养法律专业人才、推动社会法治建设的重要力量。政府、学校和社团本身应积极合作，为学生法律社团的发展提供支持和资源，以确保其充分发挥作用，为法治社会的建设贡献力量。通过教育与培训、社会合作、法律竞赛与模拟法庭、社会参与项目等方式，学生法律社团可以更好地满足学生的需求，培养更多有社会责任感的法律专业人才，促进法治观念的普及，推动法治社会建设。

第三节　法律咨询服务的内容与方式

一、常见法律问题的解答

法律是社会秩序的基石，它规范了个人和集体的行为，确保了公平和正义。然而，法律领域非常复杂，常常会涉及各种法规、法律程序和法律权利，因此人们常常会遇到各种法律问题。本节旨在提供对一些常见法律问题的解答，以帮助人们更好地了解他们的法律权利和义务。

（一）合同法律问题

1）什么是合同？

合同是一种法律协议，用于明确和规定一方（提供商品或服务的一方）提供某种物品或服务，而另一方（支付货款或费用的一方）支付货款或费用的义务。合同可以是口头协议或书面文档，只要它具备法律要素，就被视为有效。

2）合同是否需要书面形式？

大多数合同并不需要书面形式，口头协议也可以构成合同。然而，对于某些具有特殊性质的合同，如不动产买卖或租赁合同，法律可能要求书面形式以确保合同的可执行性。

3）如何解除合同？

合同的解除通常需要双方的一致同意或根据合同条款的规定。如果一方未能履行合同，另一方可能有权解除合同。此外，在某些情况下，法律可能会允许合同的单方面解除，但这通常需要特殊的法律依据。

4）如何证明合同的存在？

合同的存在可以通过书面文件、电子邮件、口头协议、证人证词等方式证明，最好的方式是保留书面合同或电子邮件，以备将来使用。

5）合同违约的后果是什么？

合同违约的后果取决于合同的具体条款和法律规定。通常情况下，合同违约的一方可能需要支付损害赔偿，或者法院可能会要求违约方履行合同。在某些情况下，合同违约可能会导致合同的解除。

（二）雇佣法律问题

1）什么是雇佣关系？

雇佣关系是雇主与雇员之间的法律关系，雇主支付薪水或工资，雇员提供劳动力和服务，通常由雇佣合同或协议规定。

2）雇佣合同是否需要书面形式？

雇佣合同通常不需要书面形式，可以是口头或默示的。然而，为了明确双方权利和义务，建议将雇佣条件写入书面合同中。

3）雇主是否可以随时解雇雇员？

解雇雇员通常需要遵循法定程序和合同条款。在某些地区，雇主可能需要提前通知或支付赔偿。此外，雇主不能因歧视、报复或其他非法原因解雇雇员。

4）雇员有权罢工吗？

雇员有罢工的权利，但这通常需要遵循特定的法律程序，法律可能规定通知雇主、和平示威、不侵犯他人权利等条件。

5）雇主是否需要提供雇员福利？

法律规定雇主需要提供某些基本福利，如工资、工时、休假和工作环境的安全，具体福利要求因地区和国家的法律而异。

（三）家庭法律问题

1）如何办理离婚？

离婚通常需要提起离婚诉讼，法院会审理财产分割、子女抚养权和访问权等问题。离婚程序和法律要求因地区而异，通常需要律师的协助。

2）子女抚养权如何确定？

子女抚养权通常由法院根据子女的最佳利益确定，法院将考虑父母的能力、子女的需求和其他因素来决定子女的居住权和访问权。

3）如何处理遗产和遗嘱？

遗产和遗嘱的处理通常需要按照法定程序来执行，如果有遗嘱，法院将根据遗嘱来分配遗产；如果没有遗嘱，法律规定了遗产的分配方式。

4）如何处理家庭暴力问题？

家庭暴力问题需要立即采取行动，受害者可以报警、寻求法律保护令或与社会服务机构联系，有关家庭暴力的问题需要专业法律咨询和支持。

（四）刑事法律问题

1）什么是刑事案件？

刑事案件是指涉及违法行为的案件，如盗窃、抢劫、杀人等。在刑事案件中，被告可能会面临刑事指控、审判和刑罚。

2）什么是被告的权益？

被告在刑事案件中有一系列权益，包括以下六种。

① 默权：被告有权拒绝作证，不自证其罪。

② 辩护权：被告有权聘请律师代表自己，并进行辩护。

③ 公开审理权：被告有权要求公开审理，除非法庭认为需要关闭审理以保护某些权益。

④ 被告权利：被告有权被告知所面临的指控，并有权提出辩护。

⑤ 免受双重惩罚：被告不得被多次起诉和判刑同一罪行。

⑥ 合理的程序：被告有权享受合理的法律程序，包括公正审判和不受虐待。

3）如何辩护自己？

被告可以自己辩护，但通常建议聘请律师来代表自己。辩护可以包括提出证据、证人传唤、质询证人和提出法律论点。律师可以帮助被告准备辩护，确保法律程序得以遵守。

4）刑罚是如何确定的？

刑罚的确定取决于多个因素，包括犯罪的性质、犯罪的严重程度、被告的前科记录和法院的判决。刑罚种类包括监禁、罚款、缓刑、社区服务等。

5）如何上诉判决？

如果被告不满意判决，可以提起上诉，上诉通常需要在判决后的一定时间内进行，具体程序和要求因地区和国家而异，律师通常会帮助被告提起上诉。

（五）知识产权法律问题

1）什么是知识产权？

知识产权包括专利、商标、版权、商业机密等法律保护的知识和创意财产，知识产权法律旨在保护创作者和发明家的权益。

2）如何保护知识产权？

知识产权可以通过注册和合同来保护，专利、商标和版权通常需要注册，而商业机密可以通过保密协议来保护。

3）如何应对侵权行为？

如果发现有人侵犯了您的知识产权，您可以采取法律行动，如提起诉讼。法院可以采取颁布禁令、赔偿金或其他法律救济措施。

4）如何合法使用他人的知识产权？

合法使用他人的知识产权通常需要获得授权或许可，这可以通过合同、许可协议或其他方式来实现。不合法使用他人的知识产权可能会导致侵权诉讼。

（六）移民法律问题

1）如何申请移民？

移民通常需要申请移民签证，不同国家有不同的移民政策和程序，通常需要填写申请表格、提供文件和接受面试，最好咨询专业移民律师来帮助完成移民程序。

2）移民后是否有权利？

移民后通常有权享受移民国家的法律权益，包括工作权、居住权和社会福利。然而，移民国家的法律和政策因地区而异，因此最好了解自己的权益。

3）移民后如何申请公民身份？

获得公民身份通常需要满足特定的居住和法定条件，包括在移民国家居住一定时期、通过语言和公民考试等，最好咨询移民律师来了解具体要求。

4）什么情况下移民状态会被取消？

如果违反移民国家的法律或政策，移民状态可能会被取消，这可能导致被驱逐出境或其他法律后果。移民应遵守移民国家的法律和规定，以保持移民状态。

法律问题涉及个人和集体的权利和义务，对每个人都至关重要。了解常见法律问题可以帮助人们更好地理解和维护自己的法律权益。然而，在处理法律问题时，往往需要法律专业人士的帮助和指导。如果面临复杂的法律问题，最好咨询律师或法律专家，以获得专业的法律建议和支持。法律是一门复杂的领域，专业知识和经验对于解决法律问题非常重要。

二、个性化法律咨询服务

法律是社会秩序的基石，贯穿生活和工作的方方面面。每个人都可能在某个时刻需要法律咨询，无论是因为家庭事务、工作纠纷、刑事诉讼、财务问题，还是其他法律问题。因为法律问题的性质和复杂程度各不相同，所以，提供个性化的法律咨询服务至关重要。

（一）个性化法律咨询的重要性

1. 满足不同需求

不同人面临的法律问题各异，可能涉及家庭法、商业法、刑法、劳动法、知识产权法等各种领域。提供个性化的法律咨询服务可以满足不同人的不同需求，确保他们得到专业、有针对性的建议。

2. 解决复杂性问题

有些法律问题非常复杂，需要深入地分析和理解。个性化的法律咨询可以根据具体情况提供深入的法律分析和解决方案，帮助当事人应对复杂的问题。

3. 防止法律风险

个性化法律咨询服务有助于识别和减少法律风险，专业律师可以帮助客户了解潜在风险，并提供合适的法律建议，以规避法律问题。

4. 保护权益

每个人在法律领域都有自己的权益和目标，个性化法律咨询服务可以根据个人的权益和目标提供法律建议，帮助他们保护自己的合法权益。

5. 提高法律意识

通过个性化的法律咨询，人们可以更好地理解法律和法律程序，这有助于增强法律意识，使人们更好地遵守法律，预防潜在的法律问题。

（二）提供个性化法律咨询服务的方式

1. 律师事务所

律师事务所通常是提供个性化法律咨询服务的主要机构，由专业律师组成，可以涵盖各种法律领域。客户可以预约咨询，律师将根据客户的具体问题提供法律建议。

2. 在线法律咨询平台

随着互联网的发展，许多在线法律咨询平台兴起，提供便捷的法律咨询服务。客户可以通过平台与注册律师进行在线交流，咨询各种法律问题。

3. 法律顾问

一些公司和组织会雇佣法律顾问，专门负责解决公司内部或业务相关的法律问题。法律顾问通常具有广博的法律知识，并可以提供个性化的法律建议。

4. 法律工作坊和研讨会

一些法律工作坊和研讨会提供机会，让人们在专业律师的指导下讨论和解决法律问题，这种互动式的学习环境可以帮助人们更好地理解法律并解决问题。

5. 社区法律援助机构

社区法律援助机构通常为低收入人群提供免费的法律咨询，帮助人们解决各种法律问题，如家庭法、租赁问题、就业权益等。虽然资源有限，但社区法律援助机构是提供个性化法律咨询服务的重要途径。

6. 私人法律顾问

一些个人选择雇佣私人法律顾问，以获得持续的法律咨询和建议。私人法律顾问通常会与客户建立长期关系，了解他们的法律需求，为他们提供个性化的法律支持。

7. 法律 App 和智能助手

随着技术的不断发展，一些法律 App 和智能助手也开始提供法律咨询服务。这些应用程序使用人工智能和自动化工具来回答常见法律问题，提供基本的法律建议。

（三）选择合适的法律咨询专家

1. 确定需求

首先，需要明确自己的法律需求。不同的法律问题可能需要不同领域的专业律师，因此要确定需要家庭法、刑事法、商业法、知识产权法还是其他领域的法律咨询。

2. 寻找合格的专家

一旦明确了需求，就可以开始寻找合格的法律咨询专家，要确保律师或法律顾问具有相关的法律资质和经验，以提供专业的法律建议。

3. 评估口碑和信誉

了解潜在法律咨询专家的口碑和信誉非常重要，可以查看他们的在线评价、客户反馈及所在机构的声誉，以确保选择的专家值得信赖。

4. 预约咨询

一旦找到合适的专家，可以预约咨询会面，在咨询会面中，可以详细讨论问题，了解专家的建议和方法。

5. 费用和付款安排

在选择法律咨询专家之前，了解他们的费用结构和付款安排非常重要，不同律师和机构可能有不同的费用政策，确保明白并同意这些费用很重要。

6. 沟通能力

与律师或法律顾问的沟通能力也很重要，要选择一个能够清晰、耐心地与自己交流并解释法律问题的专家。

7. 保持隐私

法律咨询通常涉及个人和敏感的信息，要确保所选专家能够保护您的隐私和机密信息。

个性化法律咨询服务对于解决法律问题至关重要。无论是处理家庭事务、商业纠纷、刑事案件还是其他法律问题，个性化的法律建议可以帮助个体更好地理解问题、降低风险、保护权益。选择合适的法律咨询专家是关键，需要根据具体需求和预算仔细考虑。无论选择律师事务所、在线平台、法律顾问还是其他机构，都要确保与专业人士建立积极的合作关系，以获得最好的法律支持。

三、线上线下服务的整合

随着科技的不断发展和消费者需求的日益多样化，线上线下服务的整合已经成为商业世界中的一项关键战略。这种整合不仅有助于提高企业的竞争力，还可以为消费者提供更便捷、个性化的体验。

（一）线上线下服务整合的重要性

1. 满足多元化的消费者需求

消费者需求的多样性是线上线下整合的主要推动力之一，现代消费者希望能够以多种方式与品牌互动，无论是通过线上购物、线下实体店体验、移动应用程序还是社交媒体。通过整合线上线下服务，企业可以更好地满足这一多元化的需求，建立更紧密的关系，增加客户忠诚度。

2. 提高客户体验

线上线下服务整合有助于提升客户体验，消费者希望能够在购物、咨询、售后服务等方面获得一致的体验，通过整合，企业可以确保无论消费者选择哪种渠道，他们都能获得相似的品质和服务水平。

3. 数据共享和分析

整合线上线下服务还可以实现数据的共享和分析，这对于制定更精确的市场战略和预测趋势非常重要。通过整合消费者的线上和线下行为数据，企业可以更好地了解他们的受众，作出更明智的决策。

4. 减少成本

通过整合线上线下服务，企业可以减少一些成本，如库存管理、运营和物流，这可以提高效率，使企业更具竞争力。

（二）实施线上线下服务整合的方法

1. 多渠道销售

企业可以通过多渠道销售来整合线上线下服务，这意味着产品和服务可以通过线上商店、实体店、市场销售、电子商务平台等多种渠道进行销售。消费者可以根据自己的喜好和需求选择最方便的方式购买产品。

2. 移动应用和在线平台

开发移动应用程序和在线平台是整合线上线下服务的关键，这些应用程序和平台具有在线购物、预订服务、客户支持等功能，与实体店或线下服务相结合。例如，餐厅可以提供移动点餐应用，允许顾客在线预订并提前支付。

3. 会员计划

会员计划是整合线上线下服务的有力工具，通过制订会员计划，企业可以为会员提供独家折扣、奖励和特权。会员计划可以在线上和线下渠道中都得到应用，鼓励会员跨渠道购物和互动。

4. 数据整合

数据整合是实施线上线下服务整合的关键，企业需要整合线上和线下的数据以了解客户行为、偏好和购买历史，这样的数据可以帮助企业更好地进行个性化推荐、定价和广告投放，提高客户满意度。

（三）线上线下服务整合的挑战

1. 技术挑战

实施线上线下服务整合需要强大的技术基础，包括建立复杂的电子商务平台、移动应用、在线支付系统及数据分析工具。技术挑战也包括确保不同系统能够互联互通，以便数据共享，保证流畅的客户体验。

2. 数据隐私和安全

整合线上线下服务可能涉及大量的个人数据，因此，数据隐私和安全成为一个严重的挑战。企业需要制定严格的数据保护政策，确保客户数据不会被滥用或泄露。

3. 文化变革

线上线下服务整合可能需要企业进行文化变革，员工需要适应新的工作方式，学习多渠道销售和与客户互动。

4. 竞争压力

线上线下服务整合已经成为市场上的一种标配，竞争非常激烈，企业需要不断创新，提供独特的价值，以吸引和留住客户。

（四）未来发展趋势

1. 虚拟现实和增强现实

虚拟现实和增强现实技术将继续改变线上线下服务整合的方式，通过这些技术，消费者可以在虚拟世界中试穿衣物、预览家具，甚至参加虚拟活动。这将增强客户体验，为线上线下整合提供更多的可能性。

2. 人工智能和机器学习

人工智能和机器学习将帮助企业更好地理解客户需求，并提供更个性化的服务。通过分析大量数据，人工智能可以预测客户的需求，提供定制的产品和服务，以提升客户体验。

3. 社交媒体整合

社交媒体已经成为企业与客户互动的重要渠道，未来，企业将通过社交媒体平台提供购物、客户支持等服务，使消费者能够在社交媒体上完成整个购物过程。

4. 区块链技术

区块链技术可以提高交易的透明度和安全性，它可以用于跟踪产品的来源，确保产品的真实性，减少欺诈和伪劣商品，这将有助于建立互相信任和可持续的关系。

5. 绿色可持续发展

可持续发展已经成为消费者越来越关注的问题，线上线下服务整合可以为企业提供更多环保选项，有助于企业减少资源浪费、承担社会责任。

线上线下服务的整合已经成为现代商业的必然趋势，它有助于满足多元化的消费者需求，提升客户体验、降低成本，并提供更多数据分析和市场洞察。然而，实施线上线下服务整合也面临着技术挑战、数据隐私和安全问题、文化变革和竞争压力。未来，虚拟现实、人工智能、社交媒体整合、区块链技术和可持续发展将继续推动线上线下服务整合的发展。企业需要不断创新，适应这些趋势，以保持竞争力并提供更好的服务体验。

在这个日新月异的商业环境中，线上线下服务整合不仅是一种战略选择，更是生存的必要条件。企业需要积极采纳和实施这一战略，以适应不断变化的市场和客户需求。

第四节　法律咨询服务的推广与宣传

一、大学生法律权益宣传活动

大学生是国家的未来，也是社会的中坚力量，他们的法律权益事关个人成长和社会稳定。然而，由于缺乏法律知识，许多大学生对自己的法律权益了解不足，难以维护自身合法权益。本节将探讨大学生法律权益宣传活动的重要性、内容、形式、实施方法及潜在影响。

（一）大学生法律权益的重要性

① 培养法治意识：宣传大学生法律权益有助于培养法治意识，使他们明白法律是社会的基石，必须遵守和尊重法律。

② 维护合法权益：大学生在校园生活和社会互动中会面临各种法律问题，如租赁、就业、合同等，了解自己的法律权益可以帮助他们更好地维护自身权益。

③ 预防法律风险：大学生在校园生活和社会互动中常常会涉及合同签署、互联网安全、学术诚信等问题，宣传法律知识有助于预防法律风险，避免陷入法律纠纷。

④ 参与社会活动：了解法律权益使大学生更有信心参与社会活动，如志愿服务、社团组织、政治参与等，为社会进步贡献力量。

（二）大学生法律权益宣传活动内容

① 基本法律知识：法律权益宣传活动应包括法律体系、宪法、民法、刑法、劳动法等基本法律知识的普及，使大学生了解法律体系和权利义务。

② 法律常识：涉及日常生活的法律常识，如租房、消费者权益、就业合同、婚姻法等，帮助大学生解决实际问题。

③ 网络安全法律知识：宣传网络安全法律知识，防范网络诈骗、侵权行为等网络风险。

④ 学术诚信：强调学术诚信的重要性，防止学术不端行为，维护学术道德。

（三）大学生法律权益宣传活动形式

① 讲座和研讨会：邀请法律专家、律师等进行法律讲座，让大学生深入了解法律知识。

② 法律咨询服务：提供免费法律咨询服务，解答大学生的法律疑问。

③ 法治文化节：举办法治文化节，通过展览、文艺演出等形式宣传法律知识。

④ 线上社交媒体：通过社交媒体平台，如微博、微信等，传播法律知识，吸引年轻人的关注。

⑤ 法律教育课程：在课堂中加入法律教育内容，使大学生在学习中获得法律知识。

（四）大学生法律权益宣传活动的实施方法

① 合作与资源整合：与法律机构、法学院、社会团体等合作，整合资源，丰富宣传内容。

② 定期举办活动：定期举办法律宣传活动，确保法律知识的连续性传播。

③ 量身定制：根据不同大学生群体的需求，定制不同形式的法律宣传活动。

④ 提供多语言服务：针对国际学生，提供多语言法律宣传服务，以便他们更好地了解中国法律。

⑤ 评估和反馈：定期评估宣传活动的效果，接受大学生的反馈，不断改进宣传方式和内容。

（五）大学生法律权益宣传活动的潜在影响

① 增强法治观念：通过宣传活动，大学生能够树立正确的法治观念，懂得依法行事。

② 提高法律素养：了解法律知识后，大学生可以更好地维护自己的合法权益，降低法律风险。

③ 增强社会责任感：大学生参与法律宣传活动，有助于培养他们的社会责任感。

④ 减少法律纠纷：宣传活动有助于大学生避免法律纠纷，降低了法院工作压力。

（六）成功案例分析

以下是一些成功的大学生法律权益宣传活动案例，这些案例可以为其他机构提供灵感和借鉴。

① 法律讲座和工作坊：一些大学的法学院定期举办法律讲座和工作坊，邀请法律专家分享他们的知识和经验，这种活动吸引了许多学生，提高了他们的法律素养。

② 校园法律咨询中心：一些大学设立了校园法律咨询中心，由专业律师和法学生提供免费法律咨询服务。

③ 法治文化周：一些大学每年都会开展法治文化周活动，包括法律知识竞赛、法律艺术展览和法律主题活动。这种活动丰富了校园文化，吸引了大量学生参与。

④ 法学俱乐部：一些大学设立了法学俱乐部，由热爱法律的学生组成。俱乐部定期组织法律辩论、模拟法庭和法律讨论会，帮助学生提高法律素养。

大学生法律权益宣传活动是维护大学生合法权益、培养法治意识、提高法律素养的重要途径。通过普及基本法律知识、法律常识和网络安全法律知识，宣传活动能够帮助大学生更好地维护自身权益、预防法律风险和参与社会活动。成功的宣传活动将增强法治观念、提高法律素养、增强社会责任感、减少法律纠纷和推动法治建设。通过这些努力，大学生可以更好地了解和维护自己的法律权益，为社会稳定和进步作出贡献。大学、法学院、学生组织和社会团体应该积极支持和推动这些宣传活动的实施，使大学生成为法治社会的积极参与者。

二、法律服务平台的建设与推广

法律服务平台是一个集成了法律信息、法律咨询和法律服务的综合性平台，旨在为公众提供便捷、高效的法律支持。随着社会的不断发展和法律需求的增加，法律服务平台的建设与推广变得尤为重要。

（一）法律服务平台的重要性

① 提供便捷服务：法律服务平台通过数字化和在线化的方式，使法律信息、咨询和服务更容易获得，为公众提供了极大的便利。

② 普及法律知识：通过法律服务平台，公众可以接触到大量的法律信息和知识，有助于提高法律素养，增强法治意识。

③ 促进法治社会建设：法律服务平台有助于促进法治社会建设，减少法律漏洞，降低法律风险，维护社会公平和正义。

④ 提高法律服务效率：法律服务平台可以提高法律服务效率，减少人工操作，加速法律流程，提供更快速的服务。

（二）构建法律服务平台的要素

① 法律信息库：法律服务平台应包括全面的法律信息库，包括宪法、法典、法律条文、案例分析等，以提供基础法律知识。

② 法律咨询服务：平台应提供在线法律咨询服务，包括文字咨询、电话咨询和视频咨询，以回答用户的法律疑问。

③ 在线法律服务：法律服务平台可以提供在线法律文件生成、合同起

草、法律文件存档等服务，以满足用户的实际法律需求。

④ 专业律师团队：平台需要拥有专业律师团队，提供专业法律咨询和服务，解决用户更为复杂的法律问题。

⑤ 用户支持和反馈系统：提供用户支持渠道，包括在线聊天、电子邮件和热线电话，以便用户获取帮助和反馈问题。

⑥ 数据安全和隐私保护：平台需要采取严格的数据安全措施，确保用户数据的安全，保护用户的隐私。

（三）法律服务平台的推广策略

① 多渠道宣传：利用多种渠道进行宣传，包括社交媒体、广告、合作伙伴关系、线下宣传活动等，以吸引用户关注。

② 内容营销：通过文章、视频等内容营销，提供有价值的法律信息，吸引受众，并提高平台知名度。

③ 搜索引擎优化：优化网站以在搜索引擎中获得更好的排名，提高平台在搜索结果中的可见度。

④ 用户口碑：通过用户口碑来建立平台的信誉，鼓励用户分享他们的积极体验。

⑤ 合作伙伴关系：与律师事务所、法律学校、政府机构等建立合作伙伴关系，以获得支持和推广。

⑥ 精准定位：确定目标用户群，精准定位市场，根据不同需求提供个性化的法律服务。

（四）未来法律服务平台的趋势

① 人工智能和大数据：人工智能将用于法律咨询和文档生成，大数据分析将用于法律案例和法律趋势的预测。

② 在线争端解决：在线仲裁和调解将成为法律服务平台的一部分，解决小额纠纷和争端。

③ 全球法律服务：法律服务平台将扩展到全球，提供国际法律知识和服务，以满足全球用户的需求。

④ 智能合同：智能合同将在平台上得到广泛应用，实现自动化的法律交易。

⑤ 区块链技术：区块链技术将用于确保法律文件的安全和真实性，降低伪造和篡改的可能性。

法律服务平台的建设与推广是为了提供便捷、高效的法律支持，是促进法治社会建设的重要一环。通过提供法律信息、咨询和服务，法律服务平台有助于提高法律素养、普及法律知识、降低法律风险和维护社会公平和正义。构建法律服务平台的要素包括法律信息库、法律咨询服务、在线法律服务、专业律师团队、用户支持和数据安全。平台的推广策略包括多渠道宣传、内容营销、搜索引擎优化、用户口碑、合作伙伴关系和精准定位。未来，法律服务平台将受益于人工智能、大数据、在线争端解决、全球法律服务、智能合同和区块链技术的发展，进一步提高法律服务的效率和质量。

建设和推广法律服务平台需要政府、律师事务所、法学院、科技公司和社会组织的积极参与和合作。只有通过各方共同努力，才能构建一个更加便捷、公平和普及的法律服务平台，才能更好地支持社会的法治建设，满足公众的法律需求。法律服务平台的未来充满了机遇，它将继续成为法治社会建设中的重要组成部分。

三、法律咨询服务的社会影响力

法律咨询服务在社会中扮演着重要的角色，为个人、家庭和企业提供法律支持和指导，这种服务的社会影响力不仅限于帮助个体解决法律问题，还涵盖了法治社会建设、公平正义的推动、法律素养的提升等方面。

（一）法律咨询服务对个体的影响

① 维护权益：法律咨询服务使个体能够了解自己的法律权益，并提供

专业意见来维护这些权益。无论是面对家庭纠纷、合同纠纷、雇佣问题还是其他法律挑战，法律咨询服务都能帮助个体维护自己的合法权益。

② 降低法律风险：个体通过法律咨询服务可以避免法律风险，法律专业人员可以识别潜在的法律问题，并提供建议，以防止法律纠纷的发生。

③ 提高法律素养：通过咨询，个体能够学习和理解法律知识，提高自身的法律素养。这种法律素养不仅在解决问题时有用，还在日常生活中有助于更好地遵守法律。

④ 心理安慰：法律咨询服务不仅提供法律建议，还提供心理支持，在法律问题引发焦虑或压力时，咨询专家的支持可以提供心理安慰。

（二）法律咨询服务对社会的影响

① 推动法治社会建设：法律咨询服务有助于构建法治社会。通过为公众提供法律支持，促使人们更加尊重法律和法治原则，有助于社会的稳定和发展。

② 提高公平正义：法律咨询服务有助于促进社会公平和正义，它为弱势群体提供了获得法律帮助的机会，减少了不平等现象。

③ 减少法律诉讼：通过提供预防性法律咨询，法律咨询服务有助于减少法律诉讼的数量，从而降低法院的工作压力，减轻司法系统的负担。

④ 增加社会和谐：法律咨询服务可以帮助解决争端和纠纷，有助于促进社会和谐。它促使人们更多地采用协商和调解的方式来解决问题，而不是通过诉讼。

（三）强化法律咨询服务的社会影响力

① 社区合作：与社区组织、非政府组织和政府机构合作，以扩大法律咨询服务的覆盖面，这样可以更好地满足弱势群体的法律需求。

② 提高法律专业人员的素质：提高法律咨询服务的质量和可信度，需

要培训法律专业人员，确保他们具备专业知识和道德操守。

③ 技术工具：利用技术工具，如在线法律咨询平台和应用程序，来提供更便捷和广泛的法律咨询服务。

④ 法律援助：建立法律援助体系，以确保贫困群体能够获得法律咨询和法律代理服务，以弥补法律上的不平等。

（四）未来法律咨询服务的趋势

① 数字化法律咨询：随着技术的不断发展，数字化法律咨询将成为趋势，在线法律咨询平台、虚拟助手和人工智能工具将提供更便捷的服务。

② 国际法律咨询：随着全球化的加速，国际法律咨询的需求将增加，法律咨询服务将提供跨境法律支持。

③ 数据分析和预测：数据分析和大数据技术将用于法律咨询，以帮助预测法律趋势和提供更精准的法律建议。

④ 在线争端解决：在线仲裁和调解将成为法律咨询服务的一部分，帮助解决小额纠纷和争端，降低法律诉讼的成本和时间。

⑤ 可持续法律咨询：可持续性和社会责任将成为法律咨询服务的重要组成部分，律师事务所和法律咨询机构将越来越注重可持续性和社会影响。

法律咨询服务对个体和社会的影响是积极的，它有助于维护权益、降低法律风险、提高法律素养、推动法治社会建设、促进公平正义和减少法律诉讼。然而，为了进一步强化法律咨询服务的社会影响力，需要采取与社区合作、提高法律专业人员的素质、利用技术工具、建立法律援助体系等举措。未来，数字化法律咨询、国际法律咨询、数据分析和预测、在线争端解决及可持续法律咨询将成为法律咨询服务的趋势，为更多人提供更便捷、高效的法律支持。

法律咨询服务的社会影响力不仅有助于解决具体的法律问题，还有助于构建更加法治和公平的社会，它是法治社会建设的一部分，也是维护公民权益和社会公正的不可或缺的组成部分。通过不断改进和创新，法律咨询服务将继续在社会中发挥更大的作用，帮助更多人获得公平正义和法律支持。

第五节　大学生法律咨询服务的效果评估

一、服务覆盖面与满意度调查

服务覆盖面与满意度调查是企业管理和市场研究中常见的一种工具。通过此类调查，组织可以了解其服务在不同方面的覆盖程度，以及客户或用户对这些服务的满意程度。这一调查过程有助于组织识别服务改进的机会，提高客户满意度，并最终提升竞争力。本节将探讨服务覆盖面与满意度调查的重要性、设计方法、数据分析和应用，以及一些成功案例。

（一）服务覆盖面与满意度调查的重要性

1. 客户满意度的关键性

客户满意度是企业成功的关键要素之一。满意的客户更有可能保持忠诚，继续购买产品或使用服务，并向其他人传播积极的口碑；相反，不满意的客户可能会流失，不仅损失了一个客户，还可能因口碑传播带来负面影响。因此，了解客户对服务的满意度至关重要。

2. 服务覆盖面的影响

服务覆盖面指的是服务提供的范围，包括服务的可用性、地理分布、时间范围等。服务覆盖面的好坏直接影响客户能否获得所需服务，如果服务不覆盖客户的需求，无论服务质量多高，客户仍然可能不满意。因此，服务覆盖面和满意度之间存在密切关系。

3. 提升竞争力

在竞争激烈的市场环境中，组织需要不断改进服务，以满足客户需求并保持竞争力。了解客户满意度和服务覆盖面的数据可以帮助组织识别改进的领域，制定战略，并在市场中脱颖而出。

（二）设计服务覆盖面与满意度调查

1. 确定研究目标

在设计服务覆盖面与满意度调查之前，组织需要明确定义研究的目标，包括确定要了解的特定服务方面，如服务可用性、响应时间、服务质量等。同时，还需要明确了解客户满意度的目的，包括评估满意度水平、发现不满意的原因等。

2. 选择调查方法

服务覆盖面与满意度调查可以通过不同的方法进行，包括在线调查、电话调查、面对面访谈等，选择合适的调查方法需要考虑受众群体、预算、时间、资源限制等因素，通常，使用多种方法组合可以提高数据的可信度。

3. 编制问卷

问卷是调查的核心工具，应根据研究目标设计。问卷可以包括开放性问题和封闭性问题，以便客户能够自由表达意见，同时也能提供量化数据。问题的语言应简单明了，以确保客户能够理解并轻松回答。

4. 选取样本

在进行调查时，需要选择代表性的样本，以确保结果的可靠性和有效性。样本的选取可以是随机的、分层的，或根据特定标准筛选，重要的是要确保样本能够代表整个受众群体。

（三）数据分析与应用

1. 数据收集

数据收集是调查的关键步骤，可以通过不同的方式进行，如在线调查工具、电话采访、纸质问卷等，数据的准确性和完整性至关重要。

2. 数据分析

一旦数据收集完成，就需要对数据进行分析、包括统计分析、图表制作、主题分析等方法，以了解客户满意度水平，识别服务覆盖面的问题，并找出满意度与覆盖面之间的关系。

3. 结果解释

解释调查结果是非常关键的一步，结果需要以清晰的方式呈现，以便组织内部和外部的利益相关者能够理解。这些结果可以用于改进服务、调整策略，或者制订市场营销计划。

（四）成功案例

1. 亚马逊的服务覆盖面与满意度调查

亚马逊是一家以客户为中心的电子商务巨头，一直致力于提供卓越的客户体验。为了不断改进服务，亚马逊定期进行服务覆盖面与满意度调查。他们使用在线调查工具，向数百万客户发送问卷，以了解他们对亚马逊的服务覆盖面和满意度的看法。通过分析收集的数据，亚马逊可以迅速识别问题，并采取行动来改善服务，提高客户满意度。

2. 酒店行业的例子

在酒店行业，满意的客户是业务成功的关键。许多酒店使用满意度调查来了解客户对其服务的看法，从而优化客户体验。举例来说，一家全球连锁酒店集团可能会定期向入住客户发送满意度调查问卷，以了解客户对房间卫生、前台服务、餐饮和设施的满意度。这些调查可以帮助酒店管理层确定需要改进的领域，以提高客户满意度，改进措施可能包括提供更好的培训、改进设施，或者更好地满足特定客户需求。

此外，一些酒店还可能使用在线评论平台来收集客户的反馈和评价。这些平台允许客户自由发表评论，表达他们的满意和不满意之处。酒店可以监控这些评论，回应客户关心的问题，采取积极措施来改进服务。

3. 电信行业的例子

在电信行业，服务覆盖面与满意度调查是常见的。移动运营商、互联网服务提供商和有线电视公司都经常进行此类调查，询问客户有关网络覆盖、速度、客户支持等方面的问题，以了解客户对其服务的看法。

例如，一家移动运营商可能会定期向其用户发送满意度调查，以了解他们对网络覆盖的满意度，以及是否存在通信质量问题。通过分析这些数据，运营商可以选择在网络基础设施上进行改进，以提高服务覆盖面和客户满意度。

（五）结论与建议

服务覆盖面与满意度调查对于组织来说具有重要意义，因为它帮助组织了解客户对服务的感受，识别改进的机会，提高竞争力。以下是一些建议，以确保调查的成功。

① 确定明确的研究目标：在进行调查之前，明确定义研究的目标和问题，这有助于确保调查能够提供有用的信息。

② 选择适当的调查方法：选择适合受众和研究目标的调查方法，多种方法的组合通常更有效。

③ 制定问卷：设计清晰、简洁的问卷，以确保客户能够理解问题，并提供有用的回答。

④ 选取代表性样本：确保选择的样本能够代表整个受众群体，以便结果的可靠性。

⑤ 数据分析与应用：进行数据分析后，将结果用于制定战略和改进服务，而不仅是存档。

最终，服务覆盖面与满意度调查是一种有助于组织不断改进服务和提高客户满意度的有力工具。通过收集、分析和应用相关数据，组织可以满足客户需求、提高服务质量、增加竞争力，并在市场中脱颖而出。这是一个不断演进的过程，需要组织持续投入资源和关注客户的反馈，以确保服务始终保持在最佳状态。

二、法律知识普及的效果

法律知识的普及是社会中非常重要的一项工作,它涉及公民的权利与义务、社会秩序的维护,以及法律制度的健康运行。下面将探讨法律知识普及的效果,不涉及具体案例分析,而是强调这一工作对个人、社会和国家的影响。

(一)法律知识普及的重要性

1. 保护公民权利

法律知识的普及有助于保护公民的权利,它使人们了解自己的权利和义务,从而能够更好地维护自身的合法权益。如果公民不了解自己的权利,他们可能无法有效地抵抗侵犯或不正当对待,从而损害了个人的利益。

2. 构建法治社会

法治社会依赖于人们遵守法律和尊重法律制度,法律知识的普及有助于提高社会对法律的尊重和遵守度。当人们了解法律是如何制定和实施的,以及它们如何影响社会时,他们更容易遵守法律。这有助于减少违法行为和社会冲突。

3. 促进公平正义

法律知识的普及有助于促进公平和正义。人们了解法律程序和法院系统如何运作,可以更好地保护他们的权益。此外,法律知识还可以帮助人们寻求法律救济,以纠正不公平或不正当的情况。

4. 降低法律风险

个人和企业都会面临各种法律风险,了解法律规定可以帮助人们避免违法行为,降低法律风险。企业也可以通过合规的方式运营,避免法律纠纷和诉讼,从而节省时间和资源。

（二）法律知识普及的效果

1. 个人效果

① 自我保护：法律知识赋予个人能力，使他们能够更好地保护自己的权益，不容易成为不法行为的受害者。

② 自我决策：了解法律原则和法规有助于人们作出明智的决策，以避免法律风险。

③ 参与公民活动：具备法律知识的公民更有可能积极参与公民活动，为社会和政治问题发声。

2. 社会效果

① 形成法治社会：法律知识的普及有助于增强社会公众的法律意识，促进社会的和谐和稳定。

② 减少犯罪率：法律知识的普及可以降低犯罪率，因为人们更了解法律后，更不容易参与犯罪活动。

③ 解决争端：法律知识有助于人们了解如何解决争端和纠纷，避免不必要的法律诉讼。

3. 国家效果

① 强化国家法治建设：国家中具备法律知识的公民有助于加强国家的法治建设，提高政府的透明度和公平性。

② 减少法律诉讼：通过增加公民的法律知识，国家可以减少法院系统的负担，减少不必要的法律诉讼。

③ 促进经济发展：法律知识的普及有助于提高商业和经济活动的合规性，从而促进国家的经济发展。

（三）法律知识普及的方法

1. 教育体系

教育体系是普及法律知识的重要渠道，学校、大学和法学院可以提供法律课程，使学生在学业中获得法律知识。此外，继续教育和职业培训也可以为成年人提供法律知识。

2. 社区教育

社区教育是将法律知识传播到社区的重要方式，通过举办法律讲座、研讨会和工作坊，社区可以向公众提供基本的法律信息。

3. 大众媒体

大众媒体如电视、广播、互联网和社交媒体可以用于传播法律知识。政府、非政府组织和法律专业人士可以通过这些媒体传达法律信息和建议。

4. 法律援助和法律咨询

法律援助机构和法律咨询服务可以提供法律知识和建议，帮助个人解决法律问题，这些服务对于那些无法支付高额律师费用的人尤为重要。

（四）法律知识普及的挑战和解决方法

1. 语言和文化障碍

① 挑战：法律文件通常使用专业术语，对非专业人士来说难以理解。此外，不同文化背景的人们可能对法律概念有不同的理解，这可能导致误解。

② 解决方法：为了克服语言和文化障碍，可以提供多语言的法律信息和文件，以确保更多的人能够理解。此外，社区教育和培训可以以文化敏感的方式进行，以尊重不同文化的观点。

2. 访问问题

① 挑战：一些人可能难以获得法律知识，因为他们居住在偏远地区或社会资源不足的地方。

② 解决方法：政府和非政府组织可以通过提供在线法律资源和移动法律服务来解决访问问题，以确保更多人都能够获得法律知识。

3. 资金限制

① 挑战：提供法律知识和法律教育需要资金支持，这可能对一些组织和个人来说是一个挑战。

② 解决方法：政府可以通过资助法律教育项目、法律援助机构和法律咨询服务来帮助解决资金限制问题。此外，律师和法律专业人士可以提供无偿法律咨询，以支持社区。

4. 法律改革

① 挑战：法律体系不断变化，法律规定可能会发生变化，这可能使公众感到困惑。

② 解决方法：政府可以通过定期更新法律信息和法律文件，以确保公众始终了解最新的法律规定。此外，法律专业人士可以提供解释和指导，以帮助公众理解法律变化。

法律知识的普及对于个人、社会和国家都具有深远的影响，它有助于保护公民权益、建设法治社会、减少犯罪率、促进公平正义、降低法律风险、促进经济发展，以及加强国家的法治建设。虽然面临一些挑战，如语言和文化障碍、访问问题、资金限制等，但这些挑战是可以克服的。

政府、法律专业人士、教育机构和社区组织都可以发挥关键作用，促进法律知识的普及。通过各方的合作与努力，可以建立一个更加公平的法治社会，使每个人都能够了解和行使他们的法律权益，从而创造更美好的未来。

三、法律纠纷解决率与满意度

法律纠纷解决是社会中不可避免的问题，它涉及个体、组织和国家之间的权益和冲突。解决法律纠纷不仅关乎公平正义，还影响到人们的满意度和对法律制度的信任。

（一）法律纠纷解决的重要性

1. 保障权益

法律纠纷解决是保障个体和组织的权益的重要方式，它允许人们通过法律程序解决争端，确保他们的权利得到尊重和维护。如果没有有效的纠纷解决机制，人们可能会受到不公平对待，权益受损。

2. 维护社会秩序

有效的法律纠纷解决有助于维护社会秩序，当纠纷得到公正解决时，人们更有信心遵守法律和尊重法律制度，这有助于减少冲突和社会不安定。

3. 促进公平正义

法律纠纷解决是确保公平和正义的重要工具，它允许争端各方在法庭或调解过程中表达自己的意见，依法作出决定，这有助于确保权力不被滥用，确保每个人都能获得公平的待遇。

4. 增加法律制度的信任

公众对法律制度的信任是建设法治社会的关键。如果人们相信法律纠纷可以公正解决，他们更有信心遵守法律，避免犯罪行为，并尊重法律制度。

（二）法律纠纷解决率与满意度

1. 解决率与满意度的关系

法律纠纷解决率是指纠纷得到解决的比率，即多少纠纷能够成功解决。与之相关的是纠纷解决的满意度，即当纠纷得到解决时，各方对解决结果的满意程度。

解决率与满意度之间存在密切关系：如果法律纠纷解决率较低，即很少有纠纷能够成功解决，那么公众和当事人的满意度可能较低；相反，如果解决率较高，当事人更有可能对解决结果感到满意。

2. 影响解决率与满意度的因素

法律纠纷解决率与满意度受多种因素的影响，包括以下五种。

① 法庭效率：法庭的工作效率和速度对解决率和满意度有重要影响，长时间的审理和等待可能降低解决率和满意度。

② 法官和仲裁员的素质：解决者的专业水平和公正性对满意度至关重要，公正和明智的决策有助于提高满意度。

③ 法律程序的透明度：透明的法律程序有助于当事人了解法律过程，从而提高满意度；不透明或复杂的程序可能降低满意度。

④ 调解和和解机会：提供调解与和解机会有助于当事人在争端解决过程中发挥更多的主动性，从而提高满意度。

⑤ 法律援助的可用性：提供法律援助和法律咨询服务可以帮助人们更好地理解法律，提高解决率和满意度。

（三）法律纠纷解决对个体、组织和社会的影响

1. 个体影响

① 保障权益：个体通过法律纠纷解决可以保障自己的权益，获得公平的待遇。

② 满意度：当个体对法律纠纷解决结果感到满意时，他们更有信心遵守法律和尊重法律制度。

③ 心理健康：成功的法律纠纷解决有助于减轻个体的心理压力，促进心理健康。

2. 组织影响

① 减少法律风险：组织可以通过成功解决法律纠纷来减少法律风险，避免不必要的成本和声誉损害。

② 维护声誉：当组织通过法律纠纷解决展示公平和正义时，有助于维护其声誉，增加客户信任。

③ 业务稳定：成功解决法律纠纷有助于维护组织的业务稳定，避免中断和损失。

3. 社会影响

① 维护社会秩序：有效的法律纠纷解决有助于维护社会秩序，减少冲突和社会不安定。

② 促进公平正义：社会中的公平和正义通过成功的法律纠纷解决得到促进，这有助于确保每个人都能获得公平的待遇。

③ 增加法律制度的信任：公众对法律制度的信任是法治社会的基础，当法律纠纷能够有效解决，公众更有信心遵守法律和支持法律制度。

（四）提高法律纠纷解决率和满意度的方法

1. 提高法庭效率

为了提高法律纠纷解决率和满意度，法庭可以采取措施提高工作效率，包括减少审理时间、提供在线法庭服务、优化案件管理等。

2. 提供调解与和解机会

调解与和解是有效的纠纷解决方式，法律系统可以鼓励当事人通过调解与和解来解决争端，从而降低法院的负担，并提高当事人的满意度。

3. 提高法官和仲裁员的专业水平

提高法官和仲裁员的专业水平是提高法律纠纷解决满意度的关键，培训、评估和监督可以确保他们作出公正和专业的决策。

4. 透明的法律程序

透明的法律程序有助于增进公众对法律过程的理解和信任，法律制度可以通过提供信息和指导来提高透明度。

5. 提供法律援助和法律咨询

提供法律援助和法律咨询服务可以帮助公众更好地理解法律，提高解决率和满意度。

法律纠纷解决是确保公平正义、保护权益、维护社会秩序和增加对法律制度的信任的重要组成部分。解决率与满意度之间存在紧密的关系，成功的解决纠纷有助于提高满意度，从而推进法治社会的建设。法庭效率、法官和仲裁员的专业水平、透明的法律程序、调解与和解机会，以及法律援助都是提高解决率和满意度的关键因素。通过不断改进纠纷解决机制，可以建立更加公正、公平与和谐的社会。同时，公众也需要了解法律纠纷解决的重要性，积极参与并支持这一进程，以维护个体、组织和社会的权益和利益。

参考文献

［1］ 李莉莉，高建军，徐齐福. 当代大学生与劳动合同法［M］. 武汉：武汉大学出版社，2013.

［2］ 李莉莉，彭开勤，刘珂. 劳动合同法基础理论与大学生应用实务［M］. 武汉：武汉大学出版社，2018.

［3］ 祝明新. 劳动合同法理论与应用指南［M］. 济南：山东人民出版社，2016.

［4］ 王君，徐鹏，赵玉真. 大学生创新创业与就业指导教程［M］. 成都：电子科技大学出版社，2019.

［5］ 王雨静，郭雷. 大学生实习与就业中的权益维护［M］. 北京：中国政法大学出版社，2018.

［6］ 杨建功，李军，范培红. 劳动纠纷疑难解答与自助维权指南［M］. 北京：中国法制出版社，2019.

［7］ 孙树志. 体面劳动和谐劳动关系［M］. 北京：中国民主法制出版社，2016.

［8］ 王佳，张健，姚圆鑫. 大学生职业生涯规划与就业指导［M］. 北京：国家行政学院出版社，2017.

［9］ 李培山. 大学生职业生涯规划与就业［M］. 大连：辽宁师范大学出版社，2017.

［10］ 喻晓文. 大学生创业法规［M］. 南昌：江西高校出版社，2017.

［11］ 尹学林. 劳动者职场维权全指引［M］. 北京：中国法制出版社，2019.

［12］ 李永芳，沈素军. 大学生创新创业指导［M］. 北京：航空工业出版社，2017.

［13］ 杜永红. 大学生网络创新创业教育［M］. 北京：北京理工大学出版社，2016.